文部科学省後援・全国経理教育協会主催／所得税法能力検定試験準拠

説明・設例・練習問題で理解できる

所得税法テキスト

所得税法を初めて学習する方に！ | 岩崎 功 著／経理教育研究会 監修

令和6年度版

income tax

EIKOSHO

まえがき

●初学者向けのテキスト

　本書は、所得税法を初めて学習する方のためのテキストです。所得税法を学習しやすいように体系的に編纂し、法律の条文を尊重しつつわかりやすい表現に改めました。また、税法の理解を助けるために、豊富な設例と練習問題を掲載しています。

●教養としての「所得税法テキスト」

　単元ごとに、詳しい説明と豊富な設例、および練習問題で構成しています。これ1冊で所得税法の全体像を理解できることでしょう。

●検定対策としての「所得税法テキスト」

　本書は所得税法能力検定試験（公益社団法人全国経理教育協会主催）の3級の出題範囲を完全に、また2級の範囲もほぼ網羅していますので、検定対策書籍としてご使用いただけます。

　検定試験に合格するためには、より実践的な練習問題を数多くこなすことが重要です。単元別問題集『所得税法問題集』および本試験形式模擬プリント集『所得税法直前模試』とあわせて学習を進められることで、検定合格をより確実なものにすることができるでしょう。

　本書が読者のみなさまの夢や目標に少しでも近づくための一助となれば幸いです。

■教育機関における学習の便宜のため、法案の段階で執筆しておりますことをあらかじめご承知おきください。なお、本書出版後に法律の改正が行われた場合は、弊社ホームページにて修正箇所をご案内させていただきます。
URL https://www.eikosha.net/

株式会社　英光社

目次

第1章 所得税の概要

本章では，所得税の基本的項目（①所得の意義と計算期間，②納税義務者，③課税所得の範囲と課税方法，④納税地等）について学習する。

1 所得の意義と計算期間

所得税は，原則として個人の所得を対象として，その大きさに応じて課税される国税（国に納める税金）である。所得の内容や性質はさまざまであり，**所得**は一般に，収入金額から必要経費を差し引いたものをいい，所得の内容によっては必要経費のないもの，必要経費の代わりとなるものを使用するものなどがある。

所得税における**課税所得の計算期間**は，原則として，その年の1月1日から12月31日までの1年間である。その年の中途において死亡又は出国の場合には，その年の1月1日から死亡又は出国の日までとなる。

設 例

次の文章の（　　）の中にあてはまる語を，下記の語群から選び，番号で記入しなさい。

所得税は，原則として（　　）を対象として，その大きさに応じて（　　）されるものである。一般に所得とは，（　　）から（　　）を差し引いたものである。

所得税における課税所得の（　　）は，原則として，その年の（　　）から（　　）までの1年間である。なお，その年の中途において（　　）の場合には，その年の1月1日から死亡又は出国の日までとなる。

<語群>
| 1．1月1日 | 2．12月31日 | 3．必要経費 | 4．個人の所得 |
| 5．計算期間 | 6．課　税 | 7．収入金額 | 8．死亡又は出国 |

【解答】　順に4，6，7，3，5，1，2，8

2 納税義務者（所得税のかかる人）の範囲

所得税は，原則として個人の所得に対して課税するが，法人が利子などの特定所得を受けるときには，その法人に対しても所得税を課税する。したがって，**納税義務者**は，個人及び法人ということができる。なお，広い意味では，**源泉徴収義務者**（第1章7で学習）も，特定の所得に対して源泉徴収をし，これを国に納めることになるので納税義務者ということができる。

個人及び法人の課税所得の範囲の広さや課税方法の違いによって，個人を①居住者と②非居住者に，さらにその居住者を③非永住者以外の居住者と④非永住者に細分し，法人を⑤内国法人と⑥外国法人に分割する。以上のことを表にすると次のようになる。

```
                                  ┌③非永住者以外の居住者
                        ┌①居住者 ┤
                  個 人 ┤        └④非永住者
                  │     └②非居住者
所得税の          │       ┌⑤内国法人
納税義務者 ┤     法 人 ┤
                  │       └⑥外国法人
                  │
                  └⑦源泉徴収義務者
```

(1) 居住者

　居住者とは，日本に住所（生活の本拠とされる場所）又は現在まで引き続き1年以上居所がある個人をいう。居住者のうち**「非永住者」**とは，日本国籍を有しておらず，かつ過去10年以内において，国内に住所又は居所を有していた期間の合計が5年以下の個人をいう。非永住者は，日本国内に源泉がある所得の全部と外国に源泉のある所得のうち日本国内で支払われ，又は日本国内に送金のあったものについて所得税を納める義務がある。

　なお，**「非永住者以外の居住者」**は，日本国内のみならず外国で生ずるすべての所得についても，所得税を納める義務がある。

(2) 非居住者

　非居住者とは，日本に住所又は1年以上居所がない個人をいい，日本国内に源泉がある所得について所得税を納める義務がある。

(3) 内国法人

　内国法人とは，日本国内に本店や主たる事務所がある法人をいい，日本国内に源泉がある所得のうち，利子・配当などの特定の所得について所得税を納める義務がある。なお，法人には，社交団体，ＰＴＡ，労働組合などの人格のない社団等を含む。

(4) 外国法人

　外国法人とは，内国法人以外の法人をいい，日本国内に源泉のある所得のうち，利子・配当などの特定の所得について所得税を納める義務がある。

(5) 非納税義務者

　政策上の考慮から，その所得について全く課税されない者がある。これを**非納税義務者**といい，次の者が該当する。

イ．国

ロ．治外法権者

　所得税法には規定がないが，国際法上確立した慣例によって課税除外の扱いとなっている。

ハ．公共法人等

　地方公共団体や政府出資機関には，所得税は課税されない。

ニ．特定の外国法人

ホ．外交官等

　国内に居住する外国の大使，公使及び外交官等に対して所得税は課税されない。

設 例

次の表は，所得税の納税義務者をまとめたものである。☐の中にあてはまる語を，下記の語群から選び，解答欄に番号で記入しなさい。

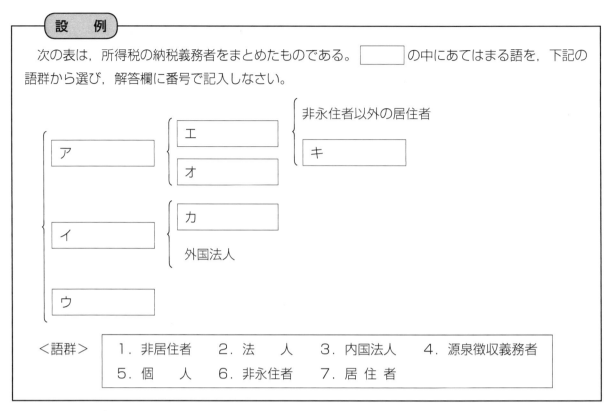

<語群>　1．非居住者　　2．法　　人　　3．内国法人　　4．源泉徴収義務者
　　　　　5．個　　人　　6．非永住者　　7．居　住　者

【解答】　アー5，イー2，ウー4，エー7，オー1，カー3，キー6

3 非課税所得と免税所得

　一般に所得といえば，収入金額からその所得を得るために必要な経費を差し引いたその差額をいい，その差額に対し所得税が課税されることになるが，社会政策上や課税技術上の立場から課税しないもの（**「非課税所得」**という），産業政策上特定の所得に対して所得税を免除しているもの（**「免税所得」**という）がある。

(1)　非課税所得

　非課税所得には，前項で述べた公共法人や外交官などの特定の者に対して所得税を課さない**人的非課税**と，本項で述べる特定の所得に対して所得税を課さない**物的非課税**とがある。非課税とされる所得は，いろいろな理由から設けられているが，その主なものには，次のようなものがある。

イ．社会政策的配慮によるもの
　ⅰ　傷病者や遺族の受ける恩給及び年金等
　ⅱ　障害者等の郵便貯金の利子
　ⅲ　障害者等の元本一定額までの預金利子
　ⅳ　納税準備預金の利子，など

ロ．担税力の考慮（少額不追及及び貯蓄奨励政策を含む）によるもの
　ⅰ　学資金や扶養義務履行の給付
　ⅱ　損害賠償金（一定のもの）※
　ⅲ　子供銀行などの預貯金利子
　ⅳ　一定の手続きをした元本一定額までの勤労者財産形成貯蓄の利子，など

ハ．実費弁償的性格によるもの
　ⅰ　給与所得者の通勤費や出張旅費，など

ニ．二重課税排除の考慮によるもの

　　ⅰ　相続や贈与によって取得した資産

ホ．公益目的によるもの

　　ⅰ　文化功労者年金やノーベル賞の賞金

　　ⅱ　当選金付き証券（宝くじなど）の当選金品

(2) 免税所得

　免税所得とは，所得税が免除される所得のことをいい，次のものが該当するが，免税の適用を受けるには一定の手続きにより申告しなければならない。

○農家が飼育した肉用牛の売却から生じる一定の農業所得の免税

(3) 所得税の軽減免除（減免）

　震災，風水害，落雷，火災その他これに類する災害により，自己や扶養親族などの所有する住宅または家財について甚大な被害を受け，その年の所得金額が一定額以下である者に対しては，当該年分の所得税を**軽減又は免除**するというもので，火災減免法に規定されている。

設　例

　次に掲げる所得について，非課税所得になるものを6つ選び，解答欄に記号で記入しなさい。

(1)　給与所得者の通勤手当のうちの一定額

(2)　土地や建物などの不動産の貸付による所得

(3)　文化功労者年金

(4)　小学校の児童，中学校や高等学校の生徒が，学校長の指導を受けて預け入れした預貯金の利子

(5)　勤務先から受けた給料などの俸給

(6)　給与所得者が，その使用者から支給される出張旅費の実費

(7)　納税準備預金の利子

(8)　所定の手続きをした勤労者財産形成貯蓄の元本一定額までの部分に係る利子

(9)　小売業や製造業から生じた所得

(10)　預貯金の利子

解答欄						

【解答】　1，3，4，6，7，8

　※非課税とならない損害賠償金の例
　【例】自動車が店舗に突入したため，損害賠償金を受け取った。
　　　　○店主が負傷し，この負傷に起因する補償として受ける損害賠償金は非課税となる。
　　　　○事業用固定資産についての損害賠償金は非課税となる。
　　　　●たな卸資産についての損害賠償金は非課税とならない（事業所得の収入金額）。

4 所得の帰属に関する通則（実質所得者課税の原則）

所得税は，所得を課税対象としているので，所得の帰属している者を課税対象者としている。所得の帰属は，通常，法律上の所得を得た人（**法律上の名義人**）と実際にその所得を得て利用・処分している人（**事実上の所得者**）と一致している。

しかし，名義人が単なる名前だけの貸借の場合には，事実上の所得者と異なることになる。この場合には，形式的な名義のいかんにかかわらず，実質的な所得の帰属者に課税することになっている。これを「**実質（所得者）課税の原則**」という。

所得の帰属者の具体的な判定は，次のようになっている。

イ．資産を利用・処分したことにより生じる所得の帰属者は，資産の真実の権利者によって判定し，それが分からないときには，資産の名義人をもって権利者と推定する。

ロ．事業から生じる所得の帰属者は，その事業を実際に経営していると認められるもの，すなわち事実上の事業主によって判定する。

ハ．生計を一にする親族間の事業については，支配的影響力をもって，その事業の経営方針を決定する者を事業主と推定する。

設 例

次の文章の（　　）の中にあてはまる語を，下記の語群から選び，番号で記入しなさい。

所得の帰属は，通常，法律上の所得を得た人（（　　）の名義人）と実際にその所得を得て（　　）している人（（　　）の所得者）と一致している。しかし，法律上の名義人と事実上の所得者と異なる場合には，（　　）な名義のいかんにかかわらず，（　　）な所得の帰属者に課税することになっている。これを「（　　）の原則」という。

＜語群＞　1．形式的　　2．実質的　　3．法律上　　4．事実上　　5．利用・処分　　6．実質課税

【解答】 順に3，5，4，1，2，6

5 納 税 地

納税地とは，納税義務者が申告・納税の義務を履行し，さらに，各種の申請，税務上の権利を行使する場所のことをいい，通常これらの権利行使，義務履行はその地域を所轄する税務署長に対して行うことになる。税務官庁から見れば，納税地は，承認，却下，更正，決定などの権限が行使される納税者の範囲を限定する場所をいう。

所得税の納税地は，原則として住所地である。ただし次の例外がある。

イ．住所のほかに居所がある人は，届出により居所を住所に代えて納税地とすることができる。

ロ．住所がなく居所のある人は，その居所が納税地とされる。

ハ．住所や居所のほかに事業場等がある人は，届出により事業場等の所在地を住所地又は居所に代えて納税地とすることができる。

なお，源泉徴収所得税の納税地は，源泉徴収の対象となる所得の支払者の事務所，事業所等でその支払事務を取扱うもののその支払日における所在地となる。

設 例

次の表は，所得税の納税地を表したものである。（　　　）の中にあてはまる語を，下記の語群から選び，記号で記入しなさい。

① 原則……（ア　　　　）

② 例外　　a．住所のほかに居所がある人……（イ　　　　）

　　　　　　b．住所がなく，居所がある人……（ウ　　　　）

　　　　　　c．住所や居所のほかに事業場等がある人……（エ　　　　）

＜語群＞　　1．居所地　　2．届出により居所地　　3．届出により事業場等の所在地
　　　　　　4．住所地

【解答】　アー4，イー2，ウー1，エー3

1．次の文章は，下記の語群の用語を説明したものである。その説明文にあう用語を選び，解答欄に記号で記入しなさい。

(1) 国内に住所を有し，又は現在まで引き続いて1年以上居所を有する個人

(2) 国内に本店又は主たる事務所を有する法人

(3) 原則として，収入金額から必要経費を差引いたもの

(4) 内国法人以外の法人

(5) 居住者のうち，日本国籍を有しておらず，かつ，過去10年以内において国内に住所又は居所を有していた期間の合計が5年以下の個人

(6) 形式的な名義のいかんにかかわらず，実質的な所得の帰属者に課税すること

(7) 居住者以外の個人

(8) 納税義務者が，申告，納税の義務を履行し，また各種の申請，税務上の権利を行使する場所

(9) 原則として，その年の1月1日から12月31日までの1年間

<語 群>
ア．居住者	イ．非居住者	ウ．非永住者	エ．外国法人	オ．内国法人
カ．納税地	キ．所得	ク．実質課税の原則	ケ．課税所得の計算期間	

<解答欄>
(1)		(2)		(3)		(4)		(5)		(6)		(7)	
(8)		(9)											

2．次に掲げる語群の所得は，種々の理由に基づいて非課税所得とされている。その理由として適切なものを選び，解答欄に記号で記入しなさい。

<語 群>
ア．文化功労者年金	イ．相続によって取得した資産
ウ．ノーベル賞の賞金	エ．郵便貯金の利子（障害者等が一定の手続きをしたもの）
オ．出張旅費	カ．勤労者財産形成貯蓄の利子（一定の手続きをしたもの）
キ．納税準備預金の利子	ク．傷病者や遺族の受ける恩給及び年金
ケ．通勤手当のうちの一定額	コ．元本合計額が一定額までの預金の利子（障害者等が一定の手続きをしたもの）

<理 由>

(1) 社会的配慮に基づくもの

(2) 少額不追及及び貯蓄奨励政策に基づくもの

(3) 実費弁償的性格に基づくもの

(4) 公益的な目的に基づくもの

(5) 二重課税防止に基づくもの

<解答欄>
ア		イ		ウ		エ		オ		カ		キ	
ク		ケ		コ									

6 所得の種類と所得税計算の仕組み

(1) 所得の種類

個人が受ける所得は，自己の勤労により生じるもの，資産の保有，運用又は譲渡により生じるもの，その他その発生形態や性格はさまざまである。このため所得税法では，所得をその発生形態などにより次の10種類に区分して，個別に所得金額を計算することになっている。

① 利子所得　② 配当所得　③ 不動産所得　④ 事業所得　⑤ 給与所得

⑥ 退職所得　⑦ 山林所得　⑧ 譲渡所得　⑨ 一時所得　⑩ 雑所得

(2) 所得税の計算の仕組み

所得税を計算するためには，まず第1に，所得の種類ごとに**一歴年間（1月1日から12月31日の1年間）の所得金額**を計算する必要がある。所得金額は，基本的には，収入金額－必要経費＝所得金額という算式で計算するが，下記のように10種類の所得すべてが同じ計算方法ではない（具体的な内容については次章で詳しく学習）。

---

① 利子所得の金額＝収入金額

② 配当所得の金額＝収入金額－元本を取得するために要した負債利子

③ 不動産所得の金額＝総収入金額－必要経費

④ 事業所得の金額＝総収入金額－必要経費

⑤ 給与所得の金額＝収入金額－給与所得控除額（特例あり）

⑥ 退職所得の金額＝(収入金額－退職所得控除額)$\times \frac{1}{2}$

⑦ 山林所得の金額＝総収入金額－必要経費－特別控除額

⑧ 譲渡所得の金額＝総収入金額－取得費・譲渡経費－特別控除額

⑨ 一時所得の金額＝総収入金額－支出した金額－特別控除額

⑩ 雑所得の金額＝総収入金額－必要経費

第2に，上記10種類の所得の金額を，計算上，①**総所得金額**，②**退職所得金額**，③**山林所得金額**の3つに分け，課税標準額を求める。このうち総所得金額とは，退職所得の金額と山林所得の金額以外の所得の金額の合計額をいう。

第3に，これら3つに分けた総所得金額，退職所得金額，及び山林所得金額から医療費控除，生命保険料控除，配偶者控除，扶養控除などの**所得控除額**を差引いて，**課税総所得金額・課税退職所得金額・課税山林所得金額**を計算する。

第4に，これら3つの課税所得金額に，**税率（超過累進税率）**を乗じてそれぞれの**算出所得税額**を計算する。

最後に，算出所得税額を合算し，この税額から配当控除などの**税額控除額**を差引き，さらに**源泉徴収税額**や**予定納税額**（中間納付税額）がある場合にはその金額を差引き，**納付すべき所得税額**（申告納税額）を求める。以上のことを表にすると，次のようになる。

※超過累進税率…所得税は課税標準をいくつかの区分に分け，その区分ごとに順次高くなる税率を適用して計算されている。超過累進税率とは，その高くなる割合が累進的に定められている税率をいう。

所得税計算の仕組み

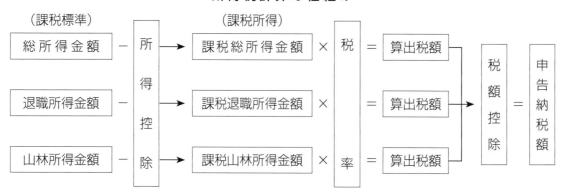

※上記3つ以外にも課税標準および課税所得金額はあるが，本書は基礎テキストであるため，その記載を省略している。

設 例

次の □ の中にあてはまる語を，下記の語群から選び，解答欄に記号で記入しなさい。ただし，同じ語句を何度使用してもよい。

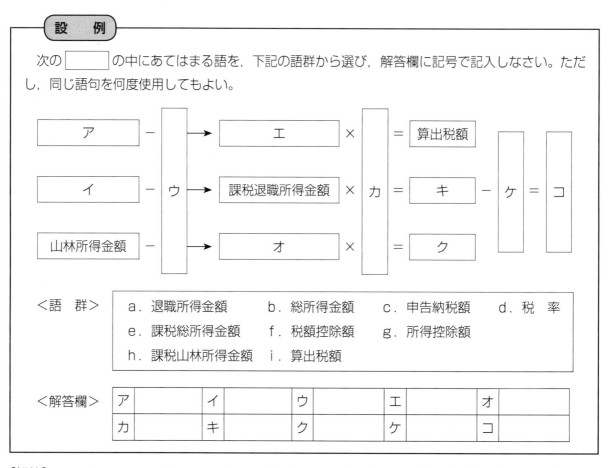

<語 群> a．退職所得金額 b．総所得金額 c．申告納税額 d．税 率
e．課税総所得金額 f．税額控除額 g．所得控除額
h．課税山林所得金額 i．算出税額

<解答欄>

ア		イ		ウ		エ		オ	
カ		キ		ク		ケ		コ	

【解答】 アーb，イーa，ウーg，エーe，オーh，カーd，キーi，クーi，ケーf，コーc

練 習 問 題

1. 所得税法では，所得を発生形態によって10種類に分けて計算することになっている。その各種所得を書きなさい。

<解答欄>

1		2		3		4		5	
6		7		8		9		10	

2. 次の ☐ の中にあてはまる語を，下記の語群から選び，解答欄に記号で記入しなさい。

☐ ① ☐ － ☐ ② ☐ ＝ 課税総所得金額

☐ ③ ☐ × ☐ ④ ☐ ＝ 算 出 税 額

☐ ⑤ ☐ － ☐ ⑥ ☐ ＝ 所 得 税 額

<語 群>　イ．税率　　ロ．総所得金額　　ハ．所得控除　　ニ．税額控除
　　　　　　ホ．算出税額　　ヘ．課税総所得金額

<解答欄>

①	②	③	④	⑤	⑥

3. 次の文章は，所得税法による税額の計算方法を簡潔に述べたものである。文章の ☐ の中にあてはまる語を，下記の語群から選び，解答欄に記号で記入しなさい。

(1) 所得税法による税額の計算は，まず個人の (1) の所得について， (2) と課税所得に区別し，その課税所得を10種類の各種所得に分類する。

(2) 次に，(1)で分類した各種所得について， (3) から (4) を控除するなど一定の方法により各種所得の金額を計算する。

(3) 次に，(2)で求めた各種所得の金額を基礎にして， (5) ，退職所得金額，山林所得金額の (6) を計算する。

(4) 次に， (7) ，生命保険料控除，配偶者控除，扶養控除等の (8) を計算し，その合計額を(3)で求めた金額から控除し，それぞれの課税所得金額を求める。

(5) 次に，(4)で求めた各課税所得金額に (9) を適用して，一定の方法により算出税額を計算し，その算出税額から配当控除， (10) 及び予定納税額を控除し，納付すべき税額を計算する。

<語 群>　ア．超過累進税率　　イ．収入金額　　ウ．所得控除額　　エ．源泉徴収税額
　　　　　　オ．一歴年期間　　カ．必要経費　　キ．医療費控除　　ク．非課税所得
　　　　　　ケ．課税標準　　コ．総所得金額

<解答欄>

1		2		3		4		5		6		7	
8		9		10									

7 源泉徴収制度

(1) 源泉徴収制度の意義

所得税は申告納税制度を前提としているが，納税者（納税義務者）が，自分で申告する代わりに，特定の所得の支払者が源泉徴収義務者となって，その所得を支払う際に税額を差し引き，その差し引き金額を，原則として徴収した翌月の10日までに，国に納付することになっている。これを**源泉徴収制度**という。

(2) 源泉徴収制度の採用理由

源泉徴収制度を採用する主な理由としては，次のものがある。

イ．源泉徴収義務者に徴収及び納付の義務を持たせるために，徴収が簡単になる。

ロ．税務当局からみれば，多くの所得者を直接管理することなく，少数の源泉徴収義務者のみを管理することになるので，脱税を防止できる。

ハ．納税者からみれば，一時期に多額の納税をする申告納税よりも，納税がそのつどになり，納税が容易になる。特に，給与所得者のほとんどが，年末調整により課税関係が終了するので，申告する煩わしさがない。

ニ．国の歳入の平準化をはかることができる。

(3) 源泉徴収されるべき所得

源泉徴収されるべき所得には，ⅰ利子所得，ⅱ配当所得，ⅲ給与所得，ⅳ退職所得，ⅴ特定の事業所得，一時所得及び雑所得，ⅵ非居住者又は法人に支払う特定の所得などがある。

(4) 源泉徴収と確定申告

個人のその年1月1日から12月31日までに得た所得については，翌年2月16日から3月15日までに，納税地の所轄税務署長へ確定申告書を提出して，所得税を納付しなければならないことになっている。

これに対して，サラリーマンなどの給与所得者については，会社が給与等の支払のつど所得税を源泉徴収し，これを国に納付している。この源泉徴収された税額は，仮計算によっているため，原則として，12月の給与等の最終支払日に，1年間（1月1日から12月31日まで）の給与等に対する適正な税額を計算し，源泉徴収された税額との過不足を精算する。これを「年末調整」という。

なお，2ヶ所以上から給与をもらっている人や，他に所得のある人，医療費控除などの所得控除（第4章で学習）をする人などは，確定申告が必要となる。

(5) 復興特別所得税

平成25年から令和19年までにおいて所得税の納税義務のある個人については，所得税と併せて復興特別所得税を納付しなければならない（第7章で学習）。

これに伴い源泉徴収についても復興特別所得税が加算される。

設 例

次の文章の（　　　）の中にあてはまる語を，下記の語群から選び，番号で記入しなさい。

(1) 源泉徴収制度とは，納税者が，（　　　）所得，配当所得，（　　　）所得，退職所得などの（　　　）の所得に限り，自分で申告する代わりに，その特定の所得の（　　　）が源泉徴収義務者となって，その所得を支払う際に（　　　）を差引き，原則としてその金額を徴収した（　　　）の10日までに，（　　　）に納付する制度である。

<語群>
1. 国	2. 支払者	3. 給 与	4. 利 子	5. 特 定
6. 翌 月	7. 源泉徴収税額			

(2) 源泉徴収制度を採用する主な理由としては，次のものがある。

イ．（　　　）に徴収及び納付の義務を持たせるために，（　　　）が簡単になる。

ロ．（　　　）からみれば，多くの所得者を直接管理することなく，少数の源泉徴収義務者のみを管理することになるので，（　　　）を防止できる。

ハ．（　　　）からみれば，一時期に多額の納税をする（　　　）よりも，納税がそのつどとなり，納税が（　　　）になる。特に，給与所得者のほとんどが，年末調整により（　　　）が終了するので，申告する（　　　）がない。

ニ．国の歳入の（　　　）をはかることができる。

<語群>
1. 平準化	2. 脱 税	3. 申告納税	4. 課税関係
5. 徴 収	6. 納税者	7. 煩わしさ	8. 税務当局
9. 容 易	10. 源泉徴収義務者		

(3) 源泉徴収税額は，（　　　）と同様な性格を有しているので，確定申告により（　　　）される。しかし，（　　　）所得と退職所得は，源泉徴収税額のみによって（　　　）させることになっているので，原則として（　　　）を必要としない。特に給与所得については，給料や（　　　）を支払うつど，所得税を源泉徴収するが，給与の支払者がそのときの（　　　）までに，納付すべき（　　　）を計算し，源泉徴収税額との（　　　）を精算することになっている。この過不足の調整を「（　　　）」という。

<語群>
1. 確定申告	2. 年 末	3. 精 算	4. 予定納税額
5. 過 不 足	6. 給 与	7. 賞 与	8. 正当な税額
9. 年末調整	10. 完 納		

【解答】　(1)－4又は3，3又は4，5，2，7，6，1
　　　　　(2)－10，5，8，2，6，3，9，4，7，1
　　　　　(3)－4，3，6，10，1，7，2，8，5，9

8 青色申告制度

(1) 青色申告制度の意義

納税者（納税義務者）が，本来の申告納税制度の主旨にそって，自主的に正しい申告ができるように，すなわち申告納税制度をより実効的にするために設けられた制度が**青色申告制度**である。この制度の適用を受けた者を**「青色申告者」**という。

青色申告制度は，事業等を行っている個人に対して，一定の帳簿書類の備え付けを義務づけし，その帳簿に毎日の取引を正確に記録すること，さらにその記帳について真実な報告をなすことを奨励する制度である。この制度を採用した個人には，所得を計算する際に，特別の経費を認めるなどの種々の特典が与えられている。なお，青色申告者以外の者を通常，**「白色申告者」**という。

(2) 青色申告制度採用の要件

青色申告書を提出しようとする個人は，次の要件を満たすことを必要とする。

ａ．法定の帳簿書類を備え付け，これに記録し，かつこの帳簿を保存すること。

ｂ．納税地（税金を納める場所）の税務署長に，**青色申告承認申請書**を提出し，その承認を受けること。なお，青色申告承認申請書の提出期限は，原則として，青色申告をしようとする年の3月15日まで（その年の1月16日以後，新たに事業を開始した場合には，その事業の開始した日から2か月以内）である。

ｃ．青色申告書を提出することができるのは，商売を営んでいる者（事業所得のある者），地代や家賃収入のある者（不動産所得のある者），山林業を営んでいる者（山林所得のある者）に限られる。

(3) 青色申告制度採用による特典

青色申告制度の採用による特典としては次のようなものがある。

イ．青色事業専従者給与の必要経費算入

青色事業専従者とは，青色申告者と生計を一にする配偶者や15歳以上の親族で，通常1年のうち6か月を超える期間（一定の場合には，事業に従事することができる期間の2分の1を超える期間），事業に専従した者をいい，その者に支払った給与を**青色事業専従者給与**という。なお，青色事業専従者給与の必要経費算入額は，労務の適正な対価としてあらかじめ所轄税務署長に届けた範囲内で支給したものに限られる。

ロ．青色申告特別控除

事業所得又は不動産所得を生ずべき事業を営む青色申告者で，これらの所得に係る取引を正規の簿記の原則に従い記録している者については，**55万円**（令和2年分以後の所得税については，e-Tax（電子申告）を行なっているなど一定の場合には**65万円**）を所得の金額から控除することができる。これを青色申告特別控除という。この特別控除は，青色申告書に損益計算書の他に貸借対照表を添付することで，その適用が認められることになっている。

上記以外の青色申告者（山林所得のある者を含む）については，**10万円**を所得の金額から控除することができる。

ハ．各種引当金の設定による繰入額の必要経費算入

事業所得を得ている青色申告者は，年末貸金に対する貸倒引当金を設定し，その繰入額を必要経費に算入することなどができる。

設 例

次の文章の（　　）の中にあてはまる語を，下記の語群から選び，番号で記入しなさい。

(1) 青色申告制度とは，（　　）の一つであり，青色申告の申請をして一定の（　　）を備え付け，毎日の（　　）を正確に記録し，その帳簿書類に基づいて真実な申告をなす者の申告制度である。この申告をする人には，（　　）の計算の際に特別の経費を認めるなど，他の納税者と区分して優遇することになっている。これらの人を（　　）申告者という。これ以外の人は（　　）申告者という。

<語群>
1．青　色	2．所　得	3．白　色	4．取　引
5．申告納税	6．帳　簿		

(2) 青色申告をできる人は，（　　）をしている人，地代収入や（　　）のある人，山林業を営んでいる人に限られ，青色申告の（　　）を納税地の所轄の（　　）に提出し，その承認を受けることが必要である。青色申告の承認申請書は，青色申告をしようとする年の（　　）までに提出しなければならない。ただし，その年の（　　）以後新たに事業を開始した場合には，その事業を開始した日から（　　）以内に提出すればよい。

<語群>
1．商　売	2．税務署長	3．1月16日	4．3月15日
5．家賃収入	6．2か月	7．承認申請書	

(3) 青色申告の特典としては，（　　）の必要経費算入，55万円（電子申告等している場合には65万円）又は10万円の（　　），各種引当金の設定による（　　）の必要経費算入などがある。

<語群>
1．青色申告特別控除	2．青色事業専従者給与	3．繰入額

【解答】　(1)－5，6，4，2，1，3　　(2)－1，5，7，2，4，3，6
　　　　　(3)－2，1，3

第2章 所得の内容とその計算方法

この章では，各種所得の内容と各種所得の金額の計算について学習する。

① 利子所得

(1) 利子所得の意義

　利子所得とは，公社債及び預貯金の利子，並びに合同運用信託(注1)，公社債投資信託(注2)及び公募公社債等運用投資信託の収益分配（利子等という）に係る所得をいう。

　ただし，次に掲げる利子は利子所得にはならない。

　イ．一般の貸金業者の収入する利子（事業所得となる）

　ロ．貸金業者以外の事業遂行に関連する貸金の利子（事業所得となる）

　ハ．非営業者の貸金から生ずる利子（雑所得となる）

　ニ．学校債や組合債の利子，友人への貸付金利子，割引債の償還差益，相互掛金の給付補てん金など（雑所得となる）

　なお，従業員が受ける社内預金の利子は，利子所得となる。

> （注1）　合同運用信託とは，信託会社や信託銀行が不特定多数の委託者から預った信託財産を合同して運用するものをいう。信託会社等は，この信託財産の運用によって生じた利益を委託者に還元することになる。その利益の還元を収益の分配という。
> （注2）　公社債投資信託とは，証券投資信託のうち，その信託財産を公社債に対する投資として運用することを目的とするもので，株又は出資に対する投資として運用しないものをいう。

(2) 利子所得の金額の計算方法

　　　利子所得の金額＝収入金額

　収入金額は，その年中に支払を受けるべき源泉徴収税額を控除する前の金額である。

(3) 課税方法

　利子等の支払を受ける際に，一律20％（国税15％，地方税５％）の税率で源泉徴収され，他の所得と分離して課税する「源泉分離課税」が行われるので，原則として確定申告は必要ない。

　　　源泉徴収税額＝収入金額×0.2

　　　手取額＝収入金額－源泉徴収税額＝収入金額×（１－0.2）

　　　収入金額＝手取額÷（１－0.2）

　なお平成25年から令和19年までについては，復興特別所得税が加算され，国税15.315％と地方税５％，併せて20.315％が源泉徴収されることになる。

(4) 非課税利子所得

　貯蓄奨励などのために，次のような預貯金に係る利子は非課税となる。なお，この場合，所得税の源泉徴収は行われず，所得の申告をしなくてもよい。

　イ．当座預金の利子で，年１％を超えないもの

　ロ．障害者等が預けた銀行等の金融機関への預金の利子で，元本350万円までのもの

　ハ．障害者等が購入した国債又は地方債の利子で，元本350万円までのもの

　ニ．勤労者財産形成貯蓄（財形年金貯蓄及び財形住宅貯蓄）の利子で，双方の元本合計550万円までのもの（「財産形成非課税年金貯蓄申告書」や「財産形成非課税住宅貯蓄申告書」等の提出が必要

となる）

ホ．納税準備預貯金の利子で，納税のために引き出した元本に係る分に限る。

設 例

山田太郎が，本年中に支払を受けた利子（手取額）は次のとおりであった。よって，利子所得の金額を計算しなさい。なお復興特別所得税は考慮しないものとする。

	利 子 収 入 の 種 類	支払を受けた利子収入
(1)	A銀行の普通預金利子	150,000円
(2)	B信託銀行の貸付信託の収益の分配	190,000円
(3)	C証券会社の公社債投信の収益の分配	130,000円
(4)	郵便貯金の利子	80,000円
(5)	D鉄道株式会社の社債利子	250,000円

利子所得の金額

(1) □ 円 ÷（ □ － □ ）＝ □ 円

(2) □ 円 ÷（ □ － □ ）＝ □ 円

(3) □ 円 ÷（ □ － □ ）＝ □ 円

(4) □ 円 ÷（ □ － □ ）＝ □ 円

(5) □ 円 ÷（ □ － □ ）＝ □ 円

【解答】

(1) $150,000 ÷ (1 - 0.2) = 187,500$円　　(4) $80,000 ÷ (1 - 0.2) = 100,000$円

(2) $190,000 ÷ (1 - 0.2) = 237,500$円　　(5) $250,000 ÷ (1 - 0.2) = 312,500$円

(3) $130,000 ÷ (1 - 0.2) = 162,500$円

1．次の文章の □ の中にあてはまる語を，下記の語群から選び，解答欄に記号で記入しなさい。

(1) 利子所得とは， (1) 及び預貯金の (2) ，並びに合同運用信託，公社債投資信託及び公募公
社債等運用投資信託の (3) に係る所得をいい，その金額は，その (4) の (5) とし必要経
費の控除はない。なお，利子受取に当たり，復興特別所得税と合わせ国税15.315%と地方税5%の合
計20.315%の税金が (6) されるので，利子手取額は (7) の金額となる。利子手取額から収入
金額を求めるためには， (8) を（1 − 0.20315）で除すればよい。

<語 群>

ア．年 中	イ．源泉徴収	ウ．収益分配	エ．利 子	オ．公社債
カ．税引後	キ．収入金額	ク．利子手取額		

(2) 貯蓄奨励などのために，次のような預貯金に係る利子は非課税となる。

① 年1%を超えない (9) の利子。

② 障害者が一定の手続きをした元本350万円までの銀行等の (10) への預金の利子。

③ 障害者等が購入した元本 (11) までの (12) の利子で，一定の手続きをしたもの。

④ 元本 (13) までの勤労者 (14) の利子で，一定の手続きをしたもの。

⑤ 納税のために引き出した元本に係る (15) の利子。

<語 群>

ケ．金融機関	コ．350万円	サ．550万円	シ．国債又は地方債
ス．当座預金	セ．財産形成貯蓄	ソ．納税準備預貯金	

<解答欄>

1	2	3	4	5	6	7	8
9	10	11	12	13	14	15	

2．久保幸子（障害者）が，本年中において支払を受けた利子（手取額）は，次のとおりであった。よっ
て，(A)・(B) の設問に答えなさい。

(A) 利子収入金額（税引前）を計算しなさい。

(B) 利子所得の金額を計算しなさい。

<資 格>

	利 子 収 入 の 種 類	支払を受けた利子収入	備　　　　考
(1)	巣鴨銀行の定期預金の利子	159,370円	
(2)	大塚信託銀行の貸付信託の収益の分配	239,055円	
(3)	池袋信託銀行の金銭信託の収益分配	70,000円	適法に非課税の手続きをしたもの
(4)	新宿鉄道株式会社の社債の利子	398,425円	

(A)　利子収入の金額

(1)　[　　　　円] ÷ ([　　　　] − [　　　　]) = [　　　　円]

(2)　[　　　　円] ÷ ([　　　　] − [　　　　]) = [　　　　円]

(3)　[　|　|　] につき…… [　　　　円]
　　　　（３文字）

(4)　[　　　　円] ÷ ([　　　　] − [　　　　]) = [　　　　円]

(B)　利子所得の金額

（非課税につき）

[(1)　　　　円] + [(2)　　　　円] + [(3)　　　　円]

+ [(4)　　　　円] = [　　　　円]

2 配当所得

(1) 配当所得の意義

配当所得とは，㋑法人から受ける剰余金の配当，利益の配当，㋺協同組合等から受ける剰余金の分配（出資に係るものに限る），㋩相互保険会社から支払われる基金利息，㋥公社債投資信託及び公募公社債等投資信託以外の投資信託・特定受益証券発行信託の収益の分配等に係る所得をいう。

(2) 配当所得の計算方法

配当所得の計算方法は，大きく分けて①上場株式等の配当等の場合と②上場株式等以外の配当等の場合とに分けられる。前者の上場株式等の配当等の場合は，さらに大口株主等（その上場株式等の３％以上を有する株主）の場合とそれ以外の上場株主の場合とに分けられる。

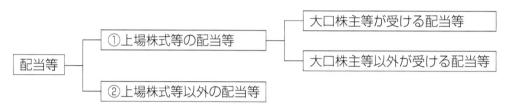

配当所得の金額は，原則として収入金額から元本を取得するための負債利子を控除した金額である。

配当所得の金額＝収入金額－元本を取得するための負債の利子

収入金額は実際の手取額ではなく，源泉徴収前の金額であり，未収の配当額も含まれる。

元本を取得するための負債利子とは，株式の購入又は出資のために金融機関などから資金を借り入れ，その借り入れに対して支払った利子をいう。

① 上場株式等の配当等

大口株主等の配当等の場合には，20％の税率により源泉徴収される（地方税は源泉徴収なし）。配当所得は原則として総合課税され，確定申告が必要となる（②の小額配当の申告不要も適用可）。

また，大口株主等以外の配当等の場合には，20％（所得税15％と地方税５％）の税率により源泉徴収が行われる。この配当所得は，源泉徴収だけで課税を終了することもできるし，総合課税による確定申告を行い配当控除の適用を受けることもできる。なお，大口株主等以外の上場株主等の配当等については，総合課税によらず，他の所得と分離して確定申告することもできる（いずれか有利なものを選択できる）。

源泉徴収税額＝収入金額×源泉徴収税率

手　取　額＝収入金額－源泉徴収税額

＝収入金額×（１－源泉徴収税率）

収　入　金　額＝手取額÷（１－源泉徴収税率）

設 例

次の資料は，大口株主に該当しない者が受け取った上場株式の配当である。よって，配当所得の金額を計算しなさい。なお，手取額は地方税も控除した金額である。また復興特別所得税は考慮しないものとする。

	源泉徴収後の配当金手取額
(1)　東京株式会社の株式配当額	135,000円
(2)　東京株式会社の株式配当額	171,000円

(1)　$\boxed{}$ 円 ÷ ($\boxed{}$ − $\boxed{}$) = $\boxed{}$ 円

(2)　$\boxed{}$ 円 ÷ ($\boxed{}$ − $\boxed{}$) = $\boxed{}$ 円

【解答】 (1)　135,000円 ÷ (1 − 0.2) = 168,750円

(2)　171,000円 ÷ (1 − 0.2) = 213,750円

② 上場株式等以外の配当等

上場株式等以外の配当等は，20%（地方税は源泉徴収なし）の税率により源泉徴収がなされ，原則として総合課税による確定申告が必要である。

ただし，1回に支払を受ける配当金額が，10万円に配当計算期間の月数をかけ12で割った金額以下であるときには，**少額配当所得**といい，確定申告を行わなくてもかまわない。なお，確定申告（総合課税）を行い，配当控除を適用することを選択することも任意である。

③ 復興特別所得税

平成25年から令和19年までの間に支払われる配当等については，源泉徴収の際に復興特別所得税が加算され，下記の源泉徴収がなされる。

(イ)　上場株式等の配当等（大口株主等に係るものを除く）

国税15.315%，地方税5%（併せて20.315%）

(ロ)　上場株式等以外の配当等（上場株式等の配当等で，大口株主等に係るものを含む）

国税20.42%（地方税　源泉徴収なし）

(3) 配当控除

総合課税を適用すると，算出所得税額から配当所得の10%又は5%相当額の配当控除を受けることができる（第5章「税額控除」を参照）。

練 習 問 題

1．次の文章の $\boxed{}$ の中にあてはまる語を，下記の語群から選び，解答欄に記号で記入しなさい。

(1)　配当所得とは，剰余金の配当，利益の $\boxed{(1)}$ ， $\boxed{(2)}$ の分配，基金利息， $\boxed{(3)}$ 及び公募公社債等投資信託以外の投資信託・特定受益証券発行信託の収益の分配等に係る所得をいう。

(2)　配当所得の金額は，その年中の $\boxed{(4)}$ から元本を取得するための $\boxed{(5)}$ を $\boxed{(6)}$ した金額で，実際の手取額ではなく源泉徴収前の金額である。

元本を取得するための負債の利子とは，株式の購入又は出資のために金融機関などから資金を借

り入れ，その $\boxed{(7)}$ に対して支払った利子をいう。

　　大口株主等が受け取る上場株式の配当の支払に当たっては $\boxed{(8)}$ の所得税が $\boxed{(9)}$ される。

　　また，大口株主等以外の株主が受け取る上場株式の配当の場合には，20.315％（所得税15.315％
と地方税5％）の源泉徴収により課税関係を終了し，$\boxed{(10)}$ とすることができる。

<語　群>

ア．収入金額	イ．借り入れ	ウ．源泉徴収	エ．公社債投資信託
オ．剰余金	カ．配　　当	キ．控　　除	ク．20.42％（地方税なし）
ケ．申告不要	コ．負債の利子		

<解答欄>

1		2		3		4		5		6		7	
8		9		10									

2．横田光男が，当年中に支払を受けた配当等は，次のとおりであった。よって(1)～(4)の配当所得の
金額を計算しなさい。なお，配当金を受けた会社は(2)以外全て上場会社で，上場株式については大口
株主等が受ける配当に該当しない。また，上場株式の手取額は地方税も控除した金額である。

<資　料>

	配 当 収 入 の 種 類	支払を受けた配当収入
(1)	W株式会社からの利益の配当金	270,000円 （税引き後手取額）
(2)	X株式会社からの利益の配当金	135,000円 （税引き後手取額）
(3)	Y商事株式会社からの利益の配当金	45,000円 （税引き後手取額）
(4)	Z製造株式会社からの中間配当金	90,000円 （税引き後手取額）

<解　答>

<配当所得の金額>

(1) [　　　　]円 ÷（1－[　　　　]）＝[　　　　]円

(2) [　　　　]円 ÷（1－[　　　　]）＝[　　　　]円

(3) [　　　　]円 ÷（1－[　　　　]）＝[　　　　]円

(4) [　　　　]円 ÷（1－[　　　　]）＝[　　　　]円

----

③ 不動産所得

(1) 不動産所得の意義

　　不動産所得とは，㈠不動産の貸付，㈡不動産の上に存する権利の貸付，㈢船舶又は航空機の貸付
による所得をいう。**不動産**とは，土地，建物，構築物その他土地に定着するものをいう。**不動産の上
に存する権利**とは，地上権，永小作権，地役権，借地権，借家権その他不動産の上に存する一切の権
利をいう。

次の所得は不動産所得になる。

i　ネオンサイン，広告看板など広告等のために土地，家屋の屋上，壁面，塀等を使用させる場合に受け取る使用料

ii　駐車場の貸付による収入（保管責任のないもの）

iii　食事付きでないアパートや下宿等の家賃収入

しかし，次のような場合には，不動産所得には該当せずそれぞれの所得になる。

i　食事付きのアパートや下宿等の家賃収入は事業所得または雑所得となる。

ii　事業主がその従業員に寄宿舎などを提供している場合の賃貸料は事業所得となる。

(2) 不動産所得の金額の計算方法

不動産所得の金額＝総収入金額－必要経費

不動産所得を生ずべき事業を営んでいる青色申告者で，その取引を正規の簿記の原則により記録し，申告期限内に確定申告書を提出している者は，その特典として青色申告特別控除額**55万円**（e-Tax（電子申告）をしているなどの場合には**65万円**）を所得金額から控除することができる。それ以外の青色申告者については，**10万円**が青色申告特別控除額となる。なお青色申告特別控除額は所得の合計額を限度とする。

不動産所得の金額＝総収入金額－必要経費－青色申告特別控除額

① 総収入金額

総収入金額に算入すべき金額は，原則としてその年において収入すべき金額をいうが，次のようなものも総収入金額に算入する。

i　原則として，契約等によってその支払期日が定められている家賃や地代などの未収分がある場合には，その未収金額

ii　返還を要しない不動産貸付による権利金，更新料，名義書換料などの収入額

iii　不動産貸付による敷金や保証金の名目で受け取ったものは，返還を要する預り金的な性格をもつので，収入金額に算入しないが，その一部又は全部につき返還を要しなくなったときには，そのときの収入金額に算入する。

② 必要経費

必要経費は，原則として総収入金額を得るために直接要した費用の額をいう。具体的には，不動産等の貸付業務に関する(i)固定資産税，(ii)修繕料，(iii)減価償却費，(iv)保険料，(v)借入金の利子，(vi)仲介手数料，(vii)下記③の必要経費などが該当する。

上記の費用のうち，債務の確定した未払分がある場合には，必要経費に加算する。従って減価償却費以外のものは，その年において債務の確定しないものは除かれる。

減価償却費は，不動産の取得原価を，使用可能期間（耐用年数）にわたって徐々に費用化していく手続きをいい，その基本的な減価償却費の計算方法は定額法である。

(イ) 平成19年3月31日以前に取得した場合

$$減価償却費＝（取得価額－残存価額）×耐用年数に応じた償却率×\frac{使用月数}{12ヶ月}$$

$$又は＝取得価額×0.9×耐用年数に応じた償却率×\frac{使用月数}{12ヶ月}$$

この計算式の残存価額は，原則として，取得価額の1割，償却率は「減価償却資産の耐用年数等に関する省令」によるが，その計算の基礎は1÷耐用年数で求められたものである。

(ロ) 平成19年4月1日以後に取得した場合

$$減価償却費＝取得価額×耐用年数に応じた償却率×\frac{使用月数}{12ヶ月}$$

③ **必要経費の特例**

　　必要経費の特例として，家族が不動産所得を生ずべき業務に専従している場合の**事業専従者控除**（一人につき最高**500,000円**，配偶者は最高**860,000円**）や，青色申告者があらかじめ届出した金額の範囲内で認められる**青色事業専従者給与**がある。（これらの規定は，不動産の貸付が事業的規模で行われている場合に適用がある。）

設　例

　　栗原常通（55歳）の本年分の正規の簿記の原則により記帳した不動産の貸付けに関する資料は，次のとおりであった。よって，不動産所得の金額を計算しなさい。同人は，青色申告書提出の承認を受けている。また電子申告による申告を行うものとする。

＜資　料＞

［1］収　　入

　　(1)　本年中の受取家賃（借家人25世帯）　　　15,000,000円

　　(2)　敷　金（預り金）　　　　　　　　　　　1,000,000円

　　(3)　賃貸に際して受取った礼金　　　　　　　1,200,000円

　　(4)　契約更新料　　　　　　　　　　　　　　　100,000円

［2］支　　出

　　(1)　貸家の修繕費　　　　　　　　　　　　　　290,000円

　　(2)　本年分火災保険料（1月分～12月分）　　　150,000円

　　(3)　不動産会社への仲介手数料　　　　　　　　300,000円

　　(4)　本年分固定資産税　　　　　　　　　　　　500,000円

［3］その他

　　(1)　受取家賃はすべて本年入金額であり，このほかに本年分未収家賃300,000円がある。

　　(2)　貸家（平成31年3月31日に取得）の減価償却費は，定額法によって計算しなさい。

　　　　　取得価額　30,000,000円　　耐用年数　25年　　償却率　0.040

　1．総収入金額

　　　　[　　　円　] ＋ [　　　円　] ＋ [　　　円　] ＋ [　　　円　]

　　　　＝ [　　　円　]

　2．必要経費

　　　　＊減価償却費

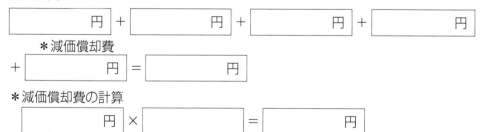

　　　　＊減価償却費の計算

　3．不動産所得の金額

　　　　[　　　円　] － [　　　円　] － [　　　円　] ＝ [　　　円　]

【解答】　1．総収入金額　15,000,000円＋1,200,000円＋100,000円＋300,000円＝16,600,000円
　　　　　2．必要経費　290,000円＋150,000円＋300,000円＋500,000円＋減価償却費1,200,000円
　　　　　　　　　　　　＝2,440,000円
　　　　　＊減価償却費の計算　30,000,000円×0.040＝1,200,000円
　　　　　3．不動産所得の金額　16,600,000円－2,440,000円－青色申告特別控除額650,000円
　　　　　　　　　　　　＝13,510,000円

練 習 問 題

1．次の文章の　　　　の中にあてはまる語を，下記の語群から選び，解答欄に記号で記入しなさい。

(1) 不動産所得とは，　(1)　，不動産の上に存する　(2)　，船舶又は　(3)　の貸付による所得をいう。不動産とは土地，　(4)　，構築物など土地に　(5)　するものをいう。

(2) 　(6)　のために土地，家屋の屋上，壁面，塀等を使用させて受取った使用料や，　(7)　の貸付けによる駐車場収入は不動産所得になる。

(3) 不動産所得の金額は　(8)　から　(9)　を控除した金額であるが，青色申告者は，さらに　(10)　を差し引いた金額になる。

＜語群＞
ア．駐車場　　イ．定着　　ウ．必要経費　　エ．青色申告特別控除額
オ．広告等　　カ．不動産　　キ．権利　　ク．航空機
ケ．建物　　コ．総収入金額

＜解答欄＞

| 1 | | 2 | | 3 | | 4 | | 5 | | 6 | | 7 | |
| 8 | | 9 | | 10 | | | | | | | | | |

2．石毛修(40歳)の本年分の正規の簿記の原則で処理した不動産の貸付けに関する資料は，次のとおりである。不動産所得の金額を計算しなさい。なお，同人は青色申告書提出の承認を受けている。また電子申告による申告を行うものとして計算する。

＜資料＞

[1] 収入

(1) 本年中の受取家賃（借家人20世帯）　　11,800,000円

これは，すべて本年中に入金した金額であり，このほかに本年分の未収家賃200,000円がある。

(2) 賃貸に際して受取った礼金（権利金に該当するもの）　　600,000円

(3) 敷金（預り金）　　1,200,000円

(4) 契約更新料　　400,000円

[2] 支出

(1) 本年中の火災保険料（1月分～12月分）　　84,000円

(2) 不動産会社への仲介手数料　　240,000円

(3) 本年分固定資産税　　376,000円

(4) 管理会社へ支払った管理費　　960,000円

［3］その他

(1) 上記「支出」のほかに，アパートに係る修繕費350,000円があるが，本年末現在未払いである。

(2) アパート（平成19年3月31日以前に取得）の減価償却費は，定額法によって計算しなさい。なお，この建物は優良賃貸住宅等の割増償却はない。

　　取得原価　25,000,000円　　耐用年数　30年　　償却率　0.034

1．総収入金額 □ 円 + □ 円 + □ 円 + □ 円

　　　　　　= □ 円

2．必 要 経 費 □ 円 + □ 円 + □ 円 + □ 円

＊減価償却費

　　　　　　+ □ 円 + □ 円 = □ 円

　　＊減価償却費の計算

　　　(□ 円 − □ 円) × □ = □ 円

3．不動産所得の金額

　　□ 円 − □ 円 − □ 円 = □ 円

----

4 事業所得

(1) 事業所得の意義

　事業所得とは，農業，漁業，製造業，卸売業，小売業，サービス業その他の事業から生じる所得をいう。ただし，山林所得又は譲渡所得に該当するものは除かれる。

　事業の範囲については，次のように規定されている。

① 農　　業

② 林業及び狩猟業

③ 漁業及び水産養殖業

④ 鉱　　業（土砂採取業を含む）

⑤ 建 設 業

⑥ 製 造 業

⑦ 卸売業及び小売業（飲食店業及び料理店業を含む）

⑧ 金融業及び保険業

⑨ 不 動 産 業

⑩ 運輸通信業

⑪ 医療保険業，著述業その他のサービス業

⑫ 上記のもののほか対価を得て継続的に行う事業

次のものは，事業所得になるかどうか問題になるので注意を要する。

ⅰ　不動産等の貸付けを事業として行っているときは不動産所得になる。

ⅱ　不動産業者などが不動産等を売買することによって生じる所得は事業所得になる。また，事業に至らない継続的売買による所得は雑所得となる。

なお，事業所得であるか雑所得であるかは，自己の責任と計算において独立的に行われるか，継続的であるかなどを鑑み、総合的に判断する。

(2) 事業所得の金額の計算方法

事業所得の金額＝総収入金額－必要経費

ただし，事業所得に係る取引を正規の簿記の原則に従い記録し，申告期限内に確定申告書を提出している青色申告者は，その特典としてさらに青色申告特別控除額**55万円**（e-Tax（電子申告）をしているなどの場合には**65万円**）を所得金額から控除することができる。それ以外の青色申告者については，**10万円**が青色申告特別控除額となる。

事業所得の金額＝総収入金額－必要経費－青色申告特別控除額

なお，不動産所得と事業所得の両方がある場合の青色申告特別控除額は，まず不動産所得から控除し，次いで事業所得から順に控除していく。

(3) 総収入金額

総収入金額に算入すべき金額は，原則として，その年において収入すべき金額をいい，その「収入すべき金額」とは収入することの確定した金額をいう。一般に次のようなものがある。

① 売上高（家事消費高，贈与，低額譲渡を含む）

ア．総収入金額に算入される売上高は，総売上高から売上値引・戻り高を差引いた純売上高である。

純売上高＝総売上高－売上値引・戻り高

イ．家事消費高と贈与は，棚卸資産である商品などを個人的に使用することをいうが，次のうち多い方の金額以上で売上に計上しなければならない。

a．取得原価
b．販売価額×70％ ── いずれか多い方の金額 → 当期売上高に計上

※棚卸資産……販売目的で保管している商品，製品などの在庫品をいう。

ウ．低額譲渡は，友人などに通常の販売価額より低い値段で売ることで，販売価額の70％の金額よりも低額で売ったときは，その販売価額の70％で売上に計上しなければならない。

販売価額×70％→当期売上高に計上

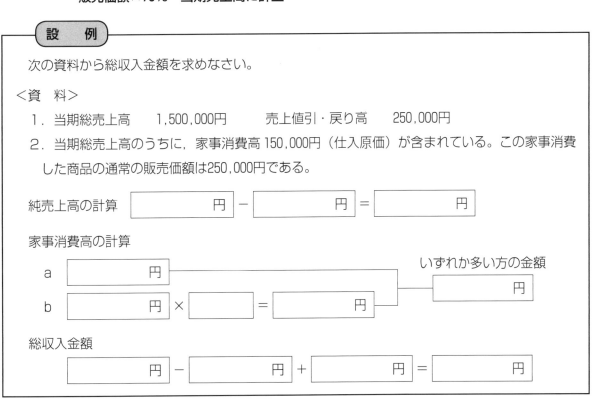

設　例

次の資料から総収入金額を求めなさい。

＜資　料＞

1．当期総売上高　　1,500,000円　　　売上値引・戻り高　　250,000円

2．当期総売上高のうちに，家事消費高 150,000円（仕入原価）が含まれている。この家事消費した商品の通常の販売価額は250,000円である。

純売上高の計算　［　　円　］－［　　円　］＝［　　円　］

家事消費高の計算

a ［　　円　］─────────────── いずれか多い方の金額
b ［　　円　］×［　円　］＝［　　円　］─────────────［　　円　］

総収入金額

［　　円　］－［　　円　］＋［　　円　］＝［　　円　］

【解答】　純売上高の計算　　1,500,000円－250,000円＝1,250,000円

家事消費高の計算

　　　　　a．150,000円 ─────┐
　　　　　　　　　　　　　　　　　├─ いずれか多い方の金額　175,000円
　　　　　b．250,000円×0.7＝175,000円 ─┘

総収入金額　　1,250,000円－150,000円＋175,000円＝1,275,000円

② 商品等の棚卸資産の損害について受ける保険金，損害賠償金等

③ 作業屑や空箱等の売却代金，仕入割引，リベート，使用人寄宿舎の使用料，事業に関連して取引先や使用人に対して貸付けた貸付金の利子

④ 事業用資産の購入に伴って景品として受取る金品

⑤ 新聞販売店における折り込み広告収入

⑥ 浴場等，飲食業等における広告掲示による収入

⑦ 事業用の固定資産税に係る前納報償金

⑧ 受贈益，各種引当金や準備金の戻入額など

　しかし，受取利息，受取配当金，有価証券売却益，固定資産売却益などは事業所得の総収入金額には含まれない。また預り保証金や所得税の還付金なども総収入金額には含まれない。

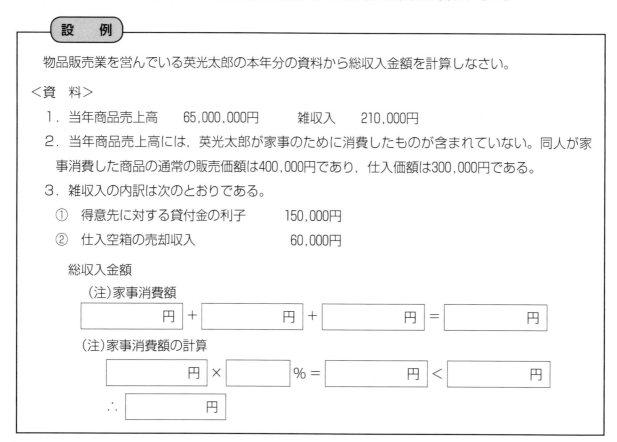

設　例

　物品販売業を営んでいる英光太郎の本年分の資料から総収入金額を計算しなさい。

＜資　料＞

　1．当年商品売上高　　65,000,000円　　　雑収入　　210,000円

　2．当年商品売上高には，英光太郎が家事のために消費したものが含まれていない。同人が家事消費した商品の通常の販売価額は400,000円であり，仕入価額は300,000円である。

　3．雑収入の内訳は次のとおりである。

　　① 得意先に対する貸付金の利子　　　150,000円

　　② 仕入空箱の売却収入　　　　　　　 60,000円

　　総収入金額

　　　(注)家事消費額

　　　□□□□円 ＋ □□□□円 ＋ □□□□円 ＝ □□□□円

　　　(注)家事消費額の計算

　　　□□□□円 × □□□% ＝ □□□□円 ＜ □□□□円

　　　∴ □□□□円

【解答】　総収入金額　　65,000,000円＋300,000円＋210,000円＝65,510,000円

　　　　(注)　家事消費額の計算　　400,000円×70％＝280,000円＜300,000円　　　　∴ 300,000円

⑷　**必要経費**

　必要経費に算入すべき金額は，原則として，総収入金額を得るために直接要した費用の額及びその年における販売費及び一般管理費その他の費用の額をいう。ただし，減価償却費以外の費用はその年

において債務の確定しないものは必要経費から除かれる。債務の確定した未払費用は必要経費の金額に算入する。

次に必要経費のうち主なものを説明する。

① **売上原価**

ⅰ　売上原価の計算方法

物品販売業者などが必要経費を計算する場合，まず販売商品の「売上原価」を計算する必要がある。通常販売商品の種類や数量が多いため，一品ごとの売上原価を計算することが煩雑になるので，まず「年末商品棚卸高」を評価して，次の計算式で売上原価を計算する。

（年初商品棚卸高）＋（年中の商品純仕入高）－（年末商品棚卸高）＝売上原価

年中の商品純仕入高＝年中の総仕入高－仕入値引・戻し高

ⅱ　年末商品棚卸高の評価方法

年末商品棚卸高の評価をどのようにするかによって売上原価は増減する。そこで税法では，年末の棚卸方法を原則として次の6つの方法に限定している。

　　１．個別法　　　２．先入先出法　　　３．総平均法
　　４．移動平均法　　５．最終仕入原価法　　６．売価還元法

なお，青色申告者については，上記1〜6の原価法による価額と年末時の時価とを比較して，いずれか低い価額で評価する低価法の採用が認められている。

㋐　原価法

上記の原価法のうち，先入先出法，総平均法，移動平均法，最終仕入原価法について説明すれば下記のようになる。

ａ）先入先出法…買入順法ともいわれ，先に仕入れたものから先に払出していくという仮定に立つ方法である。この方法で棚卸の評価をすると，後で仕入れた単価のものから評価されることとなる。

ｂ）総平均法…仕入商品の仕入価額の総額をその仕入総数で除して単価を算出し，その単価に棚卸数量を乗じて棚卸価額を計算する方法である。

ｃ）移動平均法…仕入のつど，加重平均単価を求め，その単価で払出す方法である。加重平均単価は，次の式から求められる。

加重平均単価＝（売残原価金額＋新仕入金額）÷（売残数量＋新仕入数量）

この方法で棚卸の評価をすると，期末に最も近くで仕入れた際に求められた加重平均単価に期末棚卸数量を乗ずることで求められる。

ｄ）最終仕入原価法…期末に最も近くで仕入れた単価で，期末棚卸数量に乗じて期末商品棚卸高を求める方法である。

㋑　低価法

期末棚卸資産をその種類の異なるごとに区分し，その種類等の同じものについて，㋐の原価法による評価額とその年12月31日におけるその取得に通常要する価額とのうち，いずれか低い価額をもって評価額とする方法をいう。

㋒　著しく損傷等した場合

棚卸資産について，ⓐ災害により著しく損傷したⓑ著しく陳腐化したⓒ破損，型崩れ，棚ざらし，品質変更等により，通常の方法により販売できなくなった等の事実が生じた場合には，その事実が生じた日の属する年以後の各年の棚卸資産の取得価額は，その年12月31日における

その棚卸資産の価額によることができる。

※陳　腐　化……新商品の開発や技術革新などで時代おくれになったり，季節商品の売れ残りなど販売価値が失くなってしまうこと。

※棚ざらし……品物が売れないで，いつまでも残っていること。

ⅲ　棚卸資産の評価方法の選定届出と法定評価方法

棚卸資産の評価の方法を選定する場合には，棚卸資産の種類ごとに，事業を開始した年の翌年の３月15日までに納税地の所轄税務署長にその方法を届出なければならない。評価の方法を届出なかった場合や届出た方法によらないで評価する場合には，**法定評価方法である最終仕入原価法**で評価することになる。

設　例

1．次の資料により，事業所得の金額を計算しなさい。

＜資　料＞

(1) 総収入金額

　　当年商品売上高　　34,000,000円

　　雑　　収　　入　　　220,000円

(2) 必要経費

　　年初商品棚卸高　　1,500,000円

　　当年商品仕入高　23,600,000円

　　年末商品棚卸高　　1,700,000円

　　販売費及び一般管理費　5,800,000円

	売上金額（雑収入を含む）	円
売上原価の計算	年初商品棚卸高	円
	当年商品仕入高	円
	小　　　計	円
	年末商品棚卸高	円
	売　上　原　価	円
経　　　費		円
事業所得の金額		円

2．次の資料に基づいて，(イ)先入先出法，(ロ)最終仕入原価法により年末商品棚卸高を求めなさい。

　12月１日　前月繰越　10個　＠￥200

　　　８日　仕　　入　40〃　〃　250

　　　12日　売　　上　15〃　〃　400

　　　20日　仕　　入　35〃　〃　260

　　　25日　売　　上　30〃　〃　450

　　　31日　年末在庫　40〃

(イ) 先入先出法による年末商品棚卸高

　□個　×　＠￥□　＋　□個　×　＠￥□　＝　□円

(ロ) 最終仕入原価法による年末商品棚卸高

　□個　×　＠￥□　＝　□円

【解答】　1．売上金額34,220,000円，年初商品棚卸高1,500,000円，当年商品仕入高23,600,000円，
　　　　　　小　　計25,100,000円，年末商品棚卸高1,700,000円，売上原価23,400,000円，
　　　　　　経　　費　5,800,000円，事業所得の金額5,020,000円

　　　　2．(イ)　35個×＠￥260＋５個×＠￥250＝10,350円

　　　　　　(ロ)　40個×＠￥260＝10,400円

② **租税公課**

租税公課とは，税金，賦課金，業務上の団体の会費などで，原則としてその年中の納付額が具体的に決定したものをいい，必要経費と認められるものと必要経費と認められないものがある。

a．必要経費と認められるもの

固定資産税・事業税・自動車税・自動車取得税・自動車重量税・登録免許税・不動産取得税・印紙税・所得税の延納に係る利子税・商工会議所，商工会，各種組合等の会費など

b．必要経費と認められないもの

所得税・住民税・相続税・所得税及び住民税の加算税と延滞税など

③ **罰科金**

罰金，科料（刑罰の一種）および過料（行政罰の一種）は原則として必要経費として認められない。なお，損害賠償金については，業務に関連（故意又は重過失がない場合に限る）して支払った場合には，必要経費と認められる。

設　例

次の支出額または納付額のうち，事業所得等の金額の計算上必要経費と認められるものを選び，記号で答えなさい。

1．所得税の本税の納付額　　　　　2．商店街などの会費

3．店舗の固定資産税　　　　　　　4．事業税の本税

5．交通違反により支払った罰金　　6．印紙税

7．事業税の滞納により支払う延滞金　8．道府県民税

必要経費と認められるもの | | | |

【解答】　2，3，4，6

④ **減価償却費**

ⅰ）**減価償却の意義**

事業用に使用している建物，建物付属設備，機械装置，備品，車両運搬具等の減価償却資産の取得価額を，その使用期間に応じた各年の経費として割り当てる手続きを**減価償却**といい，その割り当てられた額を**減価償却費**という。

取得価額は，その資産の購入代価に　購入手数料，引取費用，荷役費，運送保険料，関税などの付随費用と，その資産を事業の用に供するために直接要した費用を加算したものである。

ⅱ）**減価償却資産の範囲**

減価償却資産はその性質の違いから，㋐有形減価償却資産，㋑無形減価償却資産，㋒生物に分類される。

ア．有形減価償却資産

建物及びその付属設備，構築物，機械装置，船舶，航空機，車両運搬具，工具，器具備品

イ．無形減価償却資産

特許権，実用新案権，意匠権，商標権など

ウ．生物

　　牛・馬・豚等，かんきつ類・りんご樹・ぶどう樹等，茶樹・オリーブ樹・椿樹等

　　なお，非減価償却資産には，土地，借地権，建設中のもの，書画，骨とう，電話加入権等があり，これらは使用や時間の経過により減価しないので，減価償却の対象とならない。

iii）少額減価償却資産

　　取得価額が10万円未満または使用可能期間が1年未満の減価償却資産については，その使用を開始した年に必要経費に算入できる。また，取得価額10万円以上20万円未満の減価償却資産については，年度ごとに，一括して3年間で償却できる。

　　さらに，青色申告を行う中小企業者等が令和8年3月31日までに，取得価額10万円以上30万円未満の減価償却資産を取得した場合には，使用を開始した年に全額必要経費に算入することが認められる（取得価額の合計額年間300万円までが限度）。

　　なお，上記の取り扱いについては，いずれも対象となる資産から，貸付け（主要な事業として行われるものを除く）の用に供したものが除外される。

iv）償却方法

ア．有形減価償却資産…定額法，定率法

　　　　　　　　　　ただし，平成10年4月1日以後取得の建物，平成28年4月1日以後に取得する建物附属設備及び構築物については，定額法のみの適用となる。

・残存価額…平成19年3月31日までに取得したものについては，取得価額の10%が残存価額となる。平成19年4月1日以後に取得したものについては，残存価額を考慮せず，備忘価額1円となるまで償却をする。

・耐用年数に応じた償却率…「減価償却資産の耐用年数等に関する省令」による。

（定額法） 減価償却費＝取得価額$^{※}$×耐用年数に応じた償却率×$\dfrac{使用月数}{12}$

　　　　※平成19年3月31日までに取得したものについては，（取得価額－残存価額）となる。

（定率法） 減価償却費＝年初未償却残高$^{※}$×耐用年数に応じた償却率×$\dfrac{使用月数}{12}$

　　　　※年初未償却残高＝取得原価－減価償却累計額

・「減価償却資産の耐用年数等に関する省令」による償却率

　　なお，平成19年3月31日以前に取得したものの償却率は，平成19年4月1日以後取得したものと異なり，「減価償却資産の耐用年数等に関する省令」に記載する「旧定額法償却率」又は「旧定率法償却率」を使用する。

　　また，平成19年4月1日から平成24年3月31日までの間に取得した減価償却資産の定率法の償却率は，定額法の償却率の250%の率（250%定率法）となり，平成24年4月1日以後に取得したものの定率法の償却率は，定額法の償却率の200%の率（200%定率法）となる。

イ．無形減価償却資産…定額法（ただし残存価額は0とする）

ウ．生物…定額法

v）償却方法の選定届出と法定償却方法

　　償却方法を選定する場合には，減価償却資産の種類ごとに，事業を開始した年の翌年3月15日までに納税地の所轄税務署長に届けることになる。なお，有形減価償却資産の償却方法の選定届出がない場合には，**「定額法」が法定の償却方法**となる。

設 例

1. 次の文章の（　　　）の中にあてはまる語を，下記の語群から選び，記号で記入しなさい。

(1) 事業用に使用している建物，建物付属設備，機械装置，（　　　），車両運搬具等の減価償却資産の（　　　）を，その（　　　）に応じた各年の（　　　）として割り当てる手続きを減価償却といい，その割り当てられた額を（　　　）という。

(2) 取得価額は，その資産の（　　　）に，購入手数料，（　　　），荷役費，運送保険料，関税などの（　　　）と，その資産を事業の用に供するために（　　　）要した費用を（　　　）したものである。

＜語 群＞
ア．取得価額	イ．直　　接	ウ．付随費用	エ．減価償却費
オ．加　　算	カ．購入代価	キ．使用期間	ク．引取費用
ケ．経　　費	コ．備　　品		

(3) 取得価額が（　　　）または耐用年数が（　　　）の減価償却資産，いわゆる「（　　　）減価償却資産」については，（　　　）に必要経費に算入できる。減価償却資産の償却の計算方法は，減価償却資産の（　　　）にその年の翌年（　　　）までに（　　　）の所轄税務署長に届けることになる。なお，有形減価償却資産の償却方法には，定額法と（　　　）があるが，建物，建物附属設備，構築物及び償却方法の（　　　）がない資産については，（　　　）が法定の償却方法になる。

＜語 群＞
サ．種類ごと	シ．1年未満	ス．定率法	セ．10万円未満
ソ．使用時	タ．選定届出	チ．納税地	ツ．3月15日
テ．少　　額	ト．定額法		

2. 次の固定資産の取得が(1)平成19年1月1日と(2)令和6年4月1日であった場合の減価償却費の計算をそれぞれ解答欄に記入しなさい。なお，償却方法に関する届出はなされていないものとする。

建物　取得価額　1,200,000円　耐用年数　25年　償却率　0.040

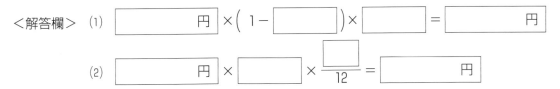

【解答】 1．(1) コ，ア，キ，ケ，エ　(2) カ，ク，ウ，イ，オ，
(3) セ，シ，テ，ソ，サ，ツ，チ，ス，タ，ト
2．(1) 1,200,000円×（1－0.1）×0.040＝43,200円
（平成19年1月1日取得なので残存価額は0.1となる）
(2) 1,200,000円×0.040×$\frac{9}{12}$＝36,000円
（令和6年4月1日取得なので残存価額は0となる）

⑤ 貸倒損失と貸倒引当金繰入額

i）貸倒損失の意義

事業の遂行上生じた売掛金，受取手形，貸付金などの貸金等については，会社更生法などの法律の規定などにより切捨てられることになった金額や回収不能が明らかになった金額は，**貸倒損失**として必要経費に算入できる。

ii）貸倒引当金繰入額

青色申告者に限り，年末において，売掛金，受取手形，貸付金などの貸金等について年末現在の貸金等に一定率を乗じて得た金額を貸倒引当金勘定に繰り入れたときは，その金額を必要経費に算入できる。

ア．貸金等の範囲

貸倒引当金の設定対象となる貸金等とは，売掛金，受取手形，割引手形，貸付金など事業遂行に関連して生じた債権の額から，同じ取引先に売掛金と買掛金の両方がある場合のように実質的に債権とみられない額を控除した残額をいう。

なお，保証金，預貯金及びその未収利子，仮払金，立替金，仕入割戻の未収金などは，貸倒れの設定の対象となる貸金等には該当しない。ただし他人のための立替払い等は，貸金等に含まれる。

イ．繰入限度額の計算式

年末における貸金等の帳簿価額の合計額の5.5%（金融業3.3%）以内の金額を貸倒引当金繰入額として必要経費に算入できる。

$$\left(\begin{array}{c}\text{12月31日現在の}\\\text{貸金等の帳簿価額}\end{array}\right) \times \frac{55}{1,000}\left(\text{金融業は }\frac{33}{1,000}\right) = \text{繰入限度額}$$

設 例

1. 次の文章の（　　）の中にあてはまる語を，下記の語群から選び，記号で記入しなさい。

(1)（　　）の遂行上生じた売掛金，受取手形，貸付金などの貸金等について，会社更生法などの法律の規定により（　　）られるようになった金額や（　　）できないことが明らかになった金額は，（　　）として必要経費に算入できる。

(2)（　　）は，年末において，（　　）の売掛金，受取手形，貸付金などの貸金等に（　　）を乗じて得た金額を（　　）に繰入れたときは，その金額を必要経費に算入できる。なお，必要経費に算入できる（　　）は，年末における貸金等の（　　）の合計額に1,000分の55を乗じた金額である。

<語群>
ア．貸倒損失	イ．帳簿価額	ウ．事　業	エ．青色申告者
オ．回　収	カ．一定率	キ．年末現在	ク．繰入限度額
ケ．貸倒引当金繰入額	コ．貸倒引当金勘定	サ．切捨て	

2. 物品販売業を営むA商店の貸倒引当金の繰入限度額を求めなさい。

年末勘定残高　　売掛金 500,000円　　受取手形 200,000円　　仮払金 50,000円

$$\left(\boxed{\qquad\text{円}} + \boxed{\qquad\text{円}}\right) \times \frac{\boxed{\quad}}{1,000} = \boxed{\qquad\text{円}}$$

【解答】　1. (1) ウ，サ，オ，ア　　(2) エ，キ，カ，コ，ケ，イ

　　　　　2.（500,000円＋200,000円）× $\frac{55}{1,000}$ ＝38,500円

⑥ 家族従業員に支払う給料

居住者と生計を一にする親族が，その居住者の営む事業に従事したことにより支払った給料は，原則として，その居住者の所得の金額の計算上必要経費に算入できない。

しかし，特例として次の2つの必要経費として算入することが認められている。なお，この特例を受けた場合には，第4章で学習するその事業主の配偶者控除や配偶者特別控除，扶養控除の適用は認められない。また，事業専従者が受ける給与は，その専従者の給与所得となる。

a. 青色事業専従者給与

青色申告者と生計を一にする配偶者や15歳以上の親族が，もっぱらその青色申告者の営む事業に従事する場合には，「青色事業専従者給与に関する届出書」を提出することにより，**その届出書に記載されている金額の範囲内**で，その事業に従事した期間，労務の性質などから見て労務の対価として相当と認められるものに限り，必要経費に算入することができる。

b. 事業専従者給与

居住者（白色申告者）と生計を一にする配偶者や15歳以上の親族で，年を通じて6か月を超える期間，もっぱらその居住者の営む事業に従事する者がある場合には，各事業専従者1人につき次に掲げる金額のうちいずれか低い金額を必要経費とすることができる。

イ. 50万円（配偶者は86万円）

ロ.（事業専従者控除額控除前の不動産所得，事業所得，山林所得の合計額）÷（事業専従者数＋1）

⑦ 家事関連費

個人事業においては，家事上の経費やこれに関連する経費は必要経費に算入できないが，接待費，交際費，寄附金，地代，家賃，水道料，光熱費等について，事業用の使用分なのか家事用の使用分なのか区別が明確にならないものがある。これを特に**「家事関連費」**という。家事関連費は，業務遂行上必要なものに限り必要経費に算入できる。なお，罰金，科料，過料などは必要経費にはならない。

設 例

次の文章の（　　）の中にあてはまる語を，下記の語群から選び，記号で記入しなさい。

(1)（　　）が営む事業に，生計を一にする（　　）や（　　）の親族がもっぱら従事する場合に支払われる給与は，「（　　）に関する届出書」を提出することにより，その金額が（　　）であれば，必要経費に算入できる。

(2) 個人事業においては，（　　）の経費やこれに関連する経費は必要経費に算入できないが，接待費，交際費などいろいろな経費において，それが（　　）の使用部分なのか，家事用の使用部分なのかの（　　）が不明確なものがある。これを特に「（　　）」という。家事関連費のうち，（　　）必要なものに限り必要経費に算入できる。なお，罰金，科料，過料などは必要経費にはならない。

<語群>
ア．家事関連費	イ．15歳以上	ウ．適 正	エ．区 別
オ．業務遂行上	カ．事業用	キ．配偶者	ク．青色申告者
ケ．家事上	コ．青色事業専従者給与		

【解答】(1) ク，キ，イ，コ，ウ　　(2) ケ，カ，エ，ア，オ

⑧ 個人事業に関する会計処理

個人事業の会計処理において重要なことは，支払った内容によって，事業所得の計算上必要経費となるものとならないものがあり，これを明確に区別することが必要になる。必要経費になるものを支払ったときには，各経費の内容を明らかにした勘定科目を用いて処理すればよいが，必要経費にならないものを支払ったときには，その借方科目は**「事業主貸」**，**「店主貸」**，または**「引出金」**等の勘定を用いて処理し，経費の科目を用いてはならない。

税金の納付に関する会計処理については，次のことに注意を要する。

(1) 所得税，住民税，罰金の支払は「事業主貸」勘定等を用いて処理する。

(2) 従業員給与の源泉所得税は，「預り源泉所得税」勘定，又は「(所得税)預り金」勘定で処理する。

(3) 事業税，事業用に関係する固定資産税・自動車税・印紙税などは，経費勘定としての「租税公課」勘定を用いて処理する。なお，家事用の税金等の支払は，「事業主貸」勘定等を用いて処理する。

(4) 所得税，住民税の還付税金は，貸方に「事業主借」勘定，又は「事業主貸」勘定を用いて事業主貸勘定を減少させる。

なお，事業主個人の配当金の受取額を，事業に関係する預金口座に振込まれたときには，事業所得にはならないので，所得税，住民税等の還付税金と同じように貸方に「事業主借」勘定，又は「事業主貸」勘定を用いて事業主貸勘定を減少させる。

設 例

次の取引の仕訳をしなさい。

(1) 事業主は，従業員３名の当月分の給料600,000円の支払に際し，所得税34,300円を差引き，残額を現金で支払った。

(2) 事業主は，水道光熱費68,000円を小切手で支払った。このうち30%は家事費に該当する。

(3) 事業主は，定期預金の利子15,000円（源泉所得税2,883円と住民税941円控除後の金額）が普通預金に振込まれたとの通知を受けた。

(4) 事業主は，本年分の予定納税額第１期分120,000円を現金で納付した。

(5) 事業主は，店舗に係る固定資産税300,000円とその延滞金4,200円を現金で支払った。

(6) 事業主は，前年分所得税還付金40,000円が，普通預金に振込まれた通知を受けた。

(7) 事業主は，火災保険料12,000円を現金で支払ったが，このうち40%は家事費に該当する。

(8) 事業主は，税理士丙さんと顧問契約をしており，当月分の顧問料60,000円から源泉所得税6,126円を差引いて残額を小切手で支払った。

(9) 事業主は，(8)で源泉徴収した所得税を現金で納付した。

(10) 事業主は，得意先名古屋商事㈱から配当金40,000円（源泉所得税10,263円差引後の手取額）が普通預金に振込まれた通知を受けた。

＜解答欄＞

	借 方 科 目	借 方 金 額	貸 方 科 目	貸 方 金 額
(1)				
(2)				
(3)				
(4)				
(5)				
(6)				
(7)				
(8)				
(9)				
(10)				

【解答】

	借 方 科 目	借 方 金 額	貸 方 科 目	貸 方 金 額
(1)	給　　　料	600,000	現　　　金 預り源泉所得税	565,700 34,300
(2)	水 道 光 熱 費 事 業 主 貸	47,600 20,400	当 座 預 金	68,000
(3)	普 通 預 金	15,000	事 業 主 借	15,000
(4)	事 業 主 貸	120,000	現　　　金	120,000
(5)	租 税 公 課 事 業 主 貸	300,000 4,200	現　　　金	304,200
(6)	普 通 預 金	40,000	事 業 主 借	40,000
(7)	保 　険 　料 事 業 主 貸	7,200 4,800	現　　　金	12,000
(8)	顧 　問 　料	60,000	当 座 預 金 預り源泉所得税	53,874 6,126
(9)	預り源泉所得税	6,126	現　　　金	6,126
(10)	普 通 預 金	40,000	事 業 主 借	40,000

（注）　事業主貸は「店主貸」，事業主借は「店主借」，預り源泉所得税は「（源泉）所得税預り金」でもよい。

1. 次の文章の 　　　 の中にあてはまる語を，下記の語群から選び，解答欄に記号で記入しなさい。

(1) 事業所得とは，農業，漁業， (1) ，卸売業，小売業，サービス業その他の (2) から生ずる所得をいう。ただし，山林所得又は (3) に該当するものは除かれる。

(2) 事業所得の金額の計算方法は， (4) から (5) を差引いて求められる。なお，正規の簿記の原則に従い記録している (6) で，電子申告等している場合には65万円の (7) の適用がある。

<語 群> | ア. 必要経費 | イ. 譲渡所得 | ウ. 青色申告者 | エ. 青色申告特別控除額 |
| オ. 製 造 業 | カ. 事 業 | キ. 総収入金額 | |

<解答欄> | 1 | 2 | 3 | 4 | 5 | 6 | 7 |
|---|---|---|---|---|---|---|
| | | | | | | |

2. 次の資料により，事業所得の金額を計算しなさい。

<資 料>

1. 総収入金額

当年商品売上高　78,000,000円

雑　収　入　450,000円

2. 必要経費

年初商品棚卸高　2,200,000円

当年商品仕入高　52,400,000円

年末商品棚卸高　1,800,000円

販売費及び一般管理費　12,000,000円

売上金額(雑収入を含む)①		円
売上原価の計算	年初商品棚卸高	円
	当年商品仕入高	円
	小　　計	円
	年末商品棚卸高	円
	売 上 原 価 ②	円
差 引 金 額 （①－②）		円
経　　　　　費		円
事 業 所 得 の 金 額		円

3. 次の資料により，物品販売業を営む工藤四郎（48歳）の本年分の事業所得の金額を求めなさい。なお申告は電子申告によるものとする。

<資 料>

損 益 計 算 書

科　目	金　額	科　目	金　額
年初商品棚卸高	2,380,000	当 年 売 上 高	66,800,000
当年商品仕入高	47,600,000	年末商品棚卸高	2,440,000
営　業　費	8,000,000	雑　収　入	510,000
青色事業専従者給与	1,200,000		
当 年 利 益	**10,570,000**		
	69,750,000		69,750,000

付記事項

(1) 工藤四郎は，5年前から青色申告書の提出の承認を受けている。事業所得の取引の記録については正規の簿記の原則に従って記録等し，電磁的記録の備付及び保管をしており，電子申告により申告をしている。また，減価償却資産の償却方法は，定額法を選定している。

(2) 当年売上高には，工藤四郎が家事のために消費した商品500,000円（販売価額）が含まれている。

この商品の仕入価額は，360,000円である。

(3) 雑収入の内訳は次のとおりである。

① 事業の遂行上生じた得意先に対する貸付金の利子　　　　　　　　　　80,000円

② 趣味としているゴルフの雑誌に寄稿したことによる原稿料（源泉所得税控除前）　50,000円

③ 事業資金で購入した株式に係る配当金（源泉所得控除後の金額）　　160,000円

④ 仕入商品に対するリベートとして受取った金額　　　　　　　　　220,000円

(4) 営業費の内訳は次のとおりである。

① 所得税納付額　　　680,000円

② 事業税納付額　　　 70,000円

③ 水道光熱費　　　 120,000円

このうち60%が物品販売業に係るものであり，残りの40%は家事費に該当する。

④ その他の営業費　　7,130,000円（この金額は営業上の必要経費であり，適法に計算されている。）

(5) 店舗（平成19年3月31日以前取得）の減価償却費は，営業費に含まれていない。

店舗の取得価額　5,000,000円　　耐用年数　20年　　定額法の償却率　0.050

(6) 青色事業専従者給与は，生計を一にする妻に対して支払ったもので届出書に記載した金額の範囲内であり，労務の対価として相当額である。

(1) 総収入金額

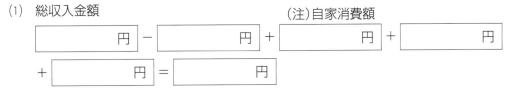

(注)自家消費額の計算

(2) 必要経費

(イ) 売上原価

(ロ) 営業費

(注)減価償却費の計算

(ハ) 青色事業専従者給与

(3) 事業所得の金額　　　(イ)＋(ロ)＋(ハ)

4．次の取引の仕訳を示しなさい。

(1) 店主は，店舗兼居住用建物（店舗部分60%，居住用部分40%）の火災保険料10,000円を現金で支払った。

(2) 店主は，従業員2名分の当月分の給与380,000円の支払に際し，所得税28,000円を差引き，残額は現金で支払った。

(3) 店主は，前年分の所得税還付金70,000円が，当座預金に振込まれた通知を受けた。

(4) 店主は，㈱東京商事から配当金200,000円（源泉所得税51,319円差引後の手取額）を現金で受取り店の金庫に入金した。

(5) 店主は，商品30,000円（仕入価額）を家事のために使用した。

(6) 店主は，事業税について納期限までに納付していなかったので，本税230,000円の他に延滞金5,700円を現金で支払った。

(7) 店主は，店主の生命保険料13,000円を現金で支払った。

(8) 店主は，お中元の贈答品100,000円を小切手を振出して購入したが，このうち70,000円は，得意先に対するものであるが，残額は店主の親類に対するものである。

(9) 店主は，本年分の所得税の予定納税額第1期分として予定納税基準額540,000円の3分の1を現金で納付した。

(10) 店主は，電気代34,500円を現金で支払った。このうち，12,800円は家事のために使用したものである。

	借 方 科 目	借 方 金 額	貸 方 科 目	貸 方 金 額
(1)				
(2)				
(3)				
(4)				
(5)				
(6)				
(7)				
(8)				
(9)				
(10)				

5 給与所得

(1) 給与所得の意義

給与所得とは，俸給，給料，賃金，歳費（国会議員が受ける給与）及び賞与その他これらの性質をもっている所得をいう。

なお，給与等に加算される諸手当（給与規程に基づいて支給される家族手当，住宅手当，資格手当など）は給与所得に含まれるが，出張旅費や通勤手当（月額150,000円以内）は，非課税とされる。

設 例

甲が本年中にA株式会社から支給を受けた給与・賞与等の明細は次のとおりである。(1)給与所得の収入金額に該当するものの記号を記載し，(2)給与所得の収入金額を計算しなさい。

記号	収入の種類	収入金額	備　考
ア	基本給	5,178,000円	
イ	家族手当	120,000	これは給与規程に基づいて計算されており，扶養者1人当り月5,000円の支給を受けたものである。
ウ	通勤手当	177,600	これは給与規程に基づいて計算されており，1か月当り14,800円の実費相当額の支給を受けたものである。
エ	超過勤務手当	110,000	これは給与規程に基づいて計算された超過勤務に対するものである。
オ	制服の現物支給	60,000	この制服は甲の職務上着用することとされているものであり，60,000円は適正な金額である。
カ	資格手当	50,000	これは給与規程に基づいて計算されたものである。
キ	賞与	1,726,000	
ク	住宅手当	50,000	これは給与規程に基づいて計算されたものである。
ケ	出張手当	140,000	これは旅費規程に基づいて計算されたものである。

(1) 給与所得の収入金額に該当するもの □□□□□□

(2) 給与所得の収入金額

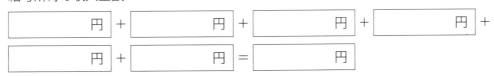

【解答】 (1) ア，イ，エ，カ，キ，ク

(2) 5,178,000円＋120,000円＋110,000円＋50,000円＋
1,726,000円＋50,000円＝7,234,000円

⑵ 給与所得の金額の計算方法

給与所得の金額は，収入金額から給与所得控除額を差引いた金額である。なお，給与等から社会保険料や源泉所得税などを差引いている場合には，これを控除した後の手取額ではなく控除前の金額である。

ただし，給与所得者の通勤のためや転任に伴う転居のための支出などの特定支出の合計額が，給与所得控除額の2分の1を超える場合には，確定申告により，その超える部分も収入金額から控除することができる。

給与所得の金額＝収入金額－給与所得控除額－一定の特定支出控除額

- 手　取　額＝収入金額－社会保険料や源泉所得税など
- 収入金額＝手取額＋社会保険料や源泉所得税など

⑶ 給与所得控除額の計算

給与等の収入金額に応じ，次の表により計算する。

給与等の収入金額 （給与所得の源泉徴収票の支払金額）		給与所得控除額
	1,625,000円以下	550,000円
1,625,000円超	1,800,000円以下	収入金額×40％－100,000円
1,800,000円超	3,600,000円以下	収入金額×30％＋80,000円
3,600,000円超	6,600,000円以下	収入金額×20％＋440,000円
6,600,000円超	8,500,000円以下	収入金額×10％＋1,100,000円
8,500,000円超		1,950,000円（上限）

⑷ 源泉徴収と年末調整

給与所得は，給与の支払の際に所得税が源泉徴収される。給与所得の年中の収入金額が2,000万円以下の者は，原則として，勤務先でその年末の最後の給与の支払の際に，所得税の過不足を精算する，いわゆる「年末調整」を行う。

設 例

吉井修一(50歳)が当年中に受取った給料・賞与の手取額は，5,800,000円であった。なお，控除された源泉徴収税額・社会保険料は400,000円である。よって，給与所得控除額の算定の資料により，同人の給与所得の金額を計算しなさい。

<資 料> 給与所得控除額の計算式

給与等の収入金額	計 算 式
360万円超　　660万円以下	収入金額×20％＋440,000円
660万円超　　850万円以下	収入金額×10％＋1,100,000円

<注> 計算式の ┆┄┄┆ の中に＋・－・×・÷・＝のうち適切な符号を記入しなさい。

1．収 入 金 額 [　　　円] ┆┄┆ [　　　円] ┆┄┆ [　　　　円]

2．給与所得控除額 [　　　円] ┆┄┄┄┆ [　　　　円]

┆┄┆ [　　　円]

3．給与所得の金額 [　　　円] ┆┄┆ [　　　円] ┆┄┆ [　　　　円]

【解答】　1．収 入 金 額　5,800,000円＋400,000円＝6,200,000円

　　　　　2．給与所得控除額　6,200,000円×20％＋440,000円＝1,680,000円

　　　　　3．給与所得の金額　6,200,000円－1,680,000円＝4,520,000円

練 習 問 題

1．次の [　　] の中にあてはまる語を，下記の語群から選び，解答欄に記号で記入しなさい。

(1) 給与所得とは，[(1)]，給料，賃金，歳費及び賞与その他これらの性質をもっている所得である。なお，給与等に加算される諸手当は給与所得に含まれるが，[(2)]や一定額の通勤手当は，[(3)]とされる。

(2) 給与所得の金額は，[(4)]から[(5)]を差引いた金額である。

(3) 給与所得は，給与の[(6)]の際に所得税が[(7)]される。給与所得の収入金額が[(8)]以下の者は，原則として，勤務先でその年末の最後の給与の支払の際に，所得税の[(9)]を精算する，いわゆる「[(10)]」を行う。

<語 群>　ア．非課税　イ．源泉徴収　ウ．収入金額　　エ．出張旅費　オ．過不足
　　　　　カ．俸 給　キ．年末調整　ク．給与所得控除額　ケ．支 払　コ．2,000万円

<解答欄>

1		2		3		4		5		6		7	
8		9		10									

45

2．安田恵子(33歳)が当年中に受取った給料・賞与の手取額は，5,800,000円であった。なお，控除された源泉徴収税額・社会保険料は540,000円である。よって，給与所得控除額の算定の資料により，同人の給与所得の金額を計算しなさい。

＜資　料＞

給与等の収入金額	計　算　式
360万円超　　　660万円以下	収入金額×20％＋440,000円
660万円超　　　850万円以下	収入金額×10％＋1,100,000円

＜注＞　計算式の〔　〕の中に＋・－・×・÷・＝のうち適切な符号を記入しなさい。

1．収　入　金　額 [　　　　　円] (　) [　　　　　円] (　) [　　　　　円]

2．給与所得控除額 [　　　　　円] (　) [　　　　　円] (　) [　　　　　円]

　　　　　　　　　　(　) [　　　　　円]

3．給与所得の金額 [　　　　　円] (　) [　　　　　円] (　) [　　　　　円]

3．前田安夫の本年分の給料及び賞与の合計額は4,800,000円（源泉所得税控除前）である。前田安夫の本年分の給与所得の金額の計算をしなさい。

　　（収入金額）　　　　　[注]給与所得控除額　（給与所得の金額）

　[　　　　円] － [　　　　円] ＝ [　　　　円]

　　　　　[注]給与所得控除額の計算

　[　　　　円] × [　　％] ＋ [　　　　円] ＝ [　　　　円]

※給与所得控除額の計算式

給与等の収入金額	計　算　式
360万円超　　　660万円以下	収入金額×20％＋440,000円

---

6 退職所得

⑴ 退職所得の意義

　　退職所得とは，退職に際して勤務先から受け取る退職手当や一時恩給，その他の退職により一時に支給される給与及びこれらの性質を有する給与に係る所得をいう。退職金や退職功労金などの名称で支払われることが多い。なお，国民年金法や厚生年金保険法の規定に基づく一時金なども退職所得に含まれる。

⑵ 退職所得の金額の計算方法

　　退職所得の金額は，その年の収入金額から退職所得控除額を差引いた金額に2分の1を乗じて求められる。

$$退職所得の金額＝（収入金額－退職所得控除額）×\frac{1}{2}$$

　　なお，特定役員退職手当等※に係る退職所得の金額については，下記による。

　　　　退職所得の金額＝収入金額－退職所得控除額

　　　　※特定役員退職手当等

　　　　　法人税法上の役員（取締役，執行役，会計参与，監査役他），国会議員及び地方議会議員，

国家（地方）公務員で，勤続年数（役員等として勤務した期間で，1年未満は切上げる）が5年以下の者に対して支払われる退職手当等をいう。

(3) 退職所得控除額

退職所得控除額は，次の表にあるように勤続年数が20年以下かどうかにより異なる。ただし，勤続年数に1年未満の端数がある場合には，その端数を1年とする。

	勤続年数	退 職 所 得 控 除 額
イ	20年以下	40万円×勤続年数（ただし，80万円未満となる場合には80万円）
ロ	20年超	70万円×（勤続年数－20年）＋800万円

(4) 源泉徴収と確定申告

退職時に「退職所得の受給に関する申告書」を提出している場合には，退職所得控除額の控除後の所得に応じた税額を源泉徴収しているので，原則として，確定申告をする必要はない。

しかし「退職所得の受給に関する申告書」を提出していない場合には，一律20%の税率（令和19年までは復興特別所得税が加算される）で源泉徴収を行うので，所得税の過不足を精算するには確定申告を行うことが必要となる。

設 例 1

甲が本年退職時までに千葉株式会社から支給を受けたものの明細は，次のとおりである。

なお，源泉徴収されるべきものは，徴収前の金額である。(1)退職所得の収入金額に該当するものの記号を記載し，(2)退職所得の収入金額を計算しなさい。

記号	収入の種類	収入金額	備 考
ア	基 本 給	4,800,000円	1月から10月まで給与の支給日（毎月末日，以下同じ）に支払われたものである。
イ	住 宅 手 当	100,000	1月から10月まで給与の支給日に支払われたもので，給与規程に基づいて計算されており，月額10,000円である。
ウ	退 職 金	23,000,000	
エ	賞 与	800,000	夏期賞与の支給日（7月10日）に支払われたものである。
オ	通 勤 手 当	130,000	1月から10月まで給与の支給日に支払われたもので，給与規程に基づいて計算されており，月額13,000円の実費相当額である。
カ	退 職 功 労 金	1,000,000	これは在職中の功績に対するもので賞与に該当しない一時金である。
キ	転居に伴う支度金	180,000	これは退職に伴い転居するために支給された旅行費用であり，通常必要とされる範囲内の金額である。

(1) 退職所得の収入金額に該当するもの ☐☐

(2) 退職所得の収入金額

　　☐ 円 ＋ ☐ 円 ＝ ☐ 円

【解答】 (1) ウ，カ

　　(2) 23,000,000円＋1,000,000円＝24,000,000円

設例 2

青山一郎が次の勤続期間で退職したときの退職所得の金額を計算しなさい。

(1) 退職金　90万円　　　勤続期間　11か月（役員等ではない）

① 勤続年数　[　　　]年

② 退職所得控除額　[　　万円　]×[　　年　]＝[　　　万円　]

[　　　万円　]＜80万円　　よって控除額は[　　　万円　]

③ 退職所得の金額　([　　万円　]－[　　万円　])×$\dfrac{1}{[\quad]}$

＝[　　万円　]

(2) 退職金　300万円　　　勤続期間　6年2か月

① 勤続年数　[　　　]年

② 退職所得控除額　[　　万円　]×[　　年　]＝[　　　万円　]

③ 退職所得の金額　([　　万円　]－[　　万円　])×$\dfrac{1}{[\quad]}$

＝[　　万円　]

(3) 退職金　1,800万円　　　勤続期間　29年10か月

① 勤続年数　[　　　]年

② 退職所得控除額　[　　万円　]×([　　年　]－[　　年　])＋[　　万円　]

＝[　　万円　]

③ 退職所得の金額　([　　万円　]－[　　万円　])×$\dfrac{1}{[\quad]}$

＝[　　万円　]

【解答】 (1) ① 勤続年数　　1年（端数は1年とする）

② 退職所得控除額　　40万円×1年＝40万円

40万円＜80万円　　よって控除額は　80万円

③ 退職所得の金額　　(90万円－80万円)×$\dfrac{1}{2}$＝5万円

(2) ① 勤続年数　　7年（端数は1年とする）

② 退職所得控除額　　40万円×7年＝280万円

③ 退職所得の金額　　(300万円－280万円)×$\dfrac{1}{2}$＝10万円

(3) ① 勤続年数　　30年（端数は1年とする）

② 退職所得控除額　　70万円×(30年－20年)＋800万円＝1,500万円

③ 退職所得の金額　　(1,800万円－1,500万円)×$\dfrac{1}{2}$＝150万円

説明・設例・練習問題で理解できる

所得税法テキスト

解答編

令和6年度版

income tax

EIKOSHA

第1章　所得税の概要

5．納税地

1．（P.10）

(1)	ア	(2)	オ	(3)	キ	(4)	エ	(5)	ウ	(6)	ク	(7)	イ
(8)	カ	(9)	ケ										

2．（P.10）

ア	4	イ	5	ウ	4	エ	1	オ	3	カ	2	キ	1
ク	1	ケ	3	コ	1								

6．所得の種類と所得税計算の仕組み

1．（P.13）

1	利子所得	2	配当所得	3	不動産所得	4	事業所得	5	給与所得
6	退職所得	7	山林所得	8	譲渡所得	9	一時所得	10	雑 所 得

2．（P.13）

①	ロ	②	ハ	③	ヘ	④	イ	⑤	ホ	⑥	ニ

3．（P.13）

1	オ	2	ク	3	イ	4	カ	5	コ	6	ケ	7	キ
8	ウ	9	ア	10	エ								

第2章　所得の内容とその計算方法

1．利子所得

1．（P.20）

1	オ	2	エ	3	ウ	4	ア	5	キ	6	イ	7	カ	8	ク
9	ス	10	ケ	11	コ	12	シ	13	サ	14	セ	15	ソ		

2．（P.21）

(A) (1) $159{,}370 円 \div (1 - 0.20315) = 200{,}000 円$

(2) $239{,}055 円 \div (1 - 0.20315) = 300{,}000 円$

(3) 非 課 税 につき……　0 円
（3文字）

(4) $398{,}425 円 \div (1 - 0.20315) = 500{,}000 円$

（非課税につき）

(B) (1) $200{,}000 円 + (2) 300{,}000 円 + (3) 0 円$
$+ (4) 500{,}000 円 = 1{,}000{,}000 円$

2．配当所得

1．（P.23）
(1), (2)

1	カ	2	オ	3	エ	4	ア	5	コ	6	キ	7	イ
8	ク	9	ウ	10	ケ								

2．（P.24）

(1) $270,000$ 円 $\div\left(1-0.20315\right)=338,834$ 円

(2) $135,000$ 円 $\div\left(1-0.2042\right)=169,640$ 円

(3) $45,000$ 円 $\div\left(1-0.20315\right)=56,472$ 円

(4) $90,000$ 円 $\div\left(1-0.20315\right)=112,944$ 円

3．不動産所得

1．（P.27）

1	カ	2	キ	3	ク	4	ケ	5	イ	6	オ	7	ア
8	コ	9	ウ	10	エ								

2．（P.27）

1．総収入金額　$11,800,000$ 円 $+200,000$ 円 $+600,000$ 円 $+400,000$ 円

$=13,000,000$ 円

2．必 要 経 費　$84,000$ 円 $+240,000$ 円 $+376,000$ 円 $+960,000$ 円

＊減価償却費

$+350,000$ 円 $+765,000$ 円 $=2,775,000$ 円

＊減価償却費の計算

$\left(25,000,000\text{ 円}-2,500,000\text{ 円}\right)\times 0.034=765,000$ 円

3．不動産所得の金額

$13,000,000$ 円 $-2,775,000$ 円 $-650,000$ 円 $=9,575,000$ 円

4．事業所得

1．（P.40）

1	オ	2	カ	3	イ	4	キ	5	ア	6	ウ	7	エ

2．（P.40）

売上金額（雑収入を含む）①		78,450,000 円
売上原価の計算	年初商品棚卸高	2,200,000 円
	当年商品仕入高	52,400,000 円
	小　計	54,600,000 円
	年末商品棚卸高	1,800,000 円
	売上原価②	52,800,000 円
差引金額（①－②）		25,650,000 円
経　費		12,000,000 円
事業所得の金額		13,650,000 円

3．（P.41）　(1)　総収入金額

　　　　　　　　　　　　　　　　　　　　　　　　（注）自家消費額

$$\boxed{66,800,000 円} - \boxed{500,000 円} + \boxed{360,000 円} + \boxed{80,000 円}$$

$$+ \boxed{220,000 円} = \boxed{66,960,000 円}$$

（注）自家消費額の計算

$$\boxed{500,000 円} \times \boxed{70 \%} = \boxed{350,000 円} < 360,000 \therefore \boxed{360,000 円}$$

(2)　必要経費

(イ)　売上原価

$$\boxed{2,380,000 円} + \boxed{47,600,000 円} - \boxed{2,440,000 円} = \boxed{47,540,000 円}$$

(ロ)　営業費　　　　　　　　　　水道光熱費　　　　　（注）減価償却費

$$\boxed{70,000 円} + \boxed{120,000 円} \times \boxed{60 \%} + \boxed{225,000 円}$$

$$+ \boxed{7,130,000 円} = \boxed{7,497,000 円}$$

（注）減価償却費の計算

$$\left(\boxed{5,000,000 円} - \boxed{500,000 円} \right) \times \boxed{0.050} = \boxed{225,000 円}$$

(ハ)　青色専従者給与　　　$\boxed{1,200,000 円}$

(3)　事業所得の金額　　　(イ)＋(ロ)＋(ハ)

$$\boxed{66,960,000 円} - \boxed{56,237,000 円} - \boxed{650,000 円} = \boxed{10,073,000 円}$$

4．(P.42)

	借方科目	借方金額	貸方科目	貸方金額
(1)	保　険　料 店　主　貸	6,000 4,000	現　　　　金	10,000
(2)	給　　　　料	380,000	預り源泉所得税 現　　　　金	28,000 352,000
(3)	当　座　預　金	70,000	店　主　借	70,000
(4)	現　　　　金	200,000	店　主　借	200,000
(5)	店　主　貸	30,000	売　　　上	30,000
(6)	租　税　公　課 店　主　貸	230,000 5,700	現　　　　金	235,700
(7)	店　主　貸	13,000	現　　　　金	13,000
(8)	交　際　費 店　主　貸	70,000 30,000	当　座　預　金	100,000
(9)	店　主　貸	180,000	現　　　　金	180,000
(10)	水　道　光　熱　費 店　主　貸	21,700 12,800	現　　　　金	34,500

５．給与所得

1．(P.45)

1	カ	2	エ	3	ア	4	ウ	5	ク	6	ケ	7	イ
8	コ	9	オ	10	キ								

2．(P.46)

1．収　入　金　額　$5,800,000$ 円　＋　$540,000$ 円　＝　$6,340,000$ 円

2．給与所得控除額　$6,340,000$ 円　×　20 ％　＋　$440,000$ 円

　　　　＝　$1,708,000$ 円

3．給与所得の金額　$6,340,000$ 円　－　$1,708,000$ 円　＝　$4,632,000$ 円

3．(P.46)

（収入金額）　［注］給与所得控除額　（給与所得の金額）

$4,800,000$ 円　－　$1,400,000$ 円　＝　$3,400,000$ 円

［注］給与所得控除額の計算

$4,800,000$ 円　×　20 ％　＋　$440,000$ 円　＝　$1,400,000$ 円

６．退職所得

1．(P.49)

1	カ	2	キ	3	オ	4	ク	5	ケ	6	サ	7	ア
8	ウ	9	イ	10	コ	11	エ						

2. (P.49)

(収入金額) (退職所得控除額)

$$\left(\boxed{5{,}000{,}000 \text{円}} - 400{,}000 \times \boxed{12 \text{年}} \right) \times \boxed{\dfrac{1}{2}} = \boxed{100{,}000 \text{円}}$$

3. (P.49)

① 退職所得控除額の計算

$$\boxed{8{,}000{,}000 \text{円}} + \boxed{700{,}000 \text{円}} \times \left(\boxed{33 \text{年}} - \boxed{20 \text{年}} \right) = \boxed{17{,}100{,}000 \text{円}}$$

② 退職所得の金額

$$\left(\boxed{23{,}000{,}000 \text{円}} - \boxed{17{,}100{,}000 \text{円}} \right) \times \boxed{\dfrac{1}{2}} = \boxed{2{,}950{,}000 \text{円}}$$

7. 山林所得

1. (P.52)

1	オ	2	ウ	3	ア	4	カ	5	イ	6	キ	7	エ
8	サ	9	ク	10	シ	11	コ	12	ス	13	セ	14	ケ

2. (P.52)

(総収入金額) (必要経費) (特別控除額) (山林所得の金額)

$$\boxed{5{,}800{,}000 \text{円}} - \left(\boxed{3{,}000{,}000 \text{円}} + \boxed{980{,}000 \text{円}} \right) - \boxed{500{,}000 \text{円}} = \boxed{1{,}320{,}000 \text{円}}$$

8. 譲渡所得

1. (P.55)

1	ア	2	カ	3	イ	4	キ	5	エ	6	ク	7	オ
8	ウ	9	ケ	10	コ	11	チ	12	シ	13	ソ	14	タ
15	サ	16	ツ	17	セ	18	ス						

2. (P.55)

$$\boxed{1{,}500{,}000 \text{円}} - \left(\boxed{400{,}000 \text{円}} + \boxed{50{,}000 \text{円}} \right) - \boxed{500{,}000 \text{円}}$$
$$= \boxed{550{,}000 \text{円}}$$

3. (P.56)

① 総合短期譲渡所得の金額 $\boxed{900{,}000 \text{円}} - \boxed{500{,}000 \text{円}} = \boxed{400{,}000 \text{円}}$

② 総合長期譲渡所得の金額 $\boxed{1{,}600{,}000 \text{円}}$

③ 総所得金額に算入される譲渡所得の金額

$$\boxed{400{,}000 \text{円}} + \boxed{1{,}600{,}000 \text{円}} \times \boxed{\dfrac{1}{2}} = \boxed{1{,}200{,}000 \text{円}}$$

9. 一時所得

1. (P.58)

1	キ	2	イ	3	ウ	4	オ	5	ク	6	カ	7	エ	8	ア

2.（P.58）　一時所得の金額

| 800,000 円 | − | 20,000 円 | − | 500,000 円 | = | 280,000 円 |

総所得金額に算入される一時所得

| 280,000 円 | $\times \frac{1}{2}$ = | 140,000 円 |

10．雑所得

1.（P.61）

| 1 | ウ | 2 | オ | 3 | キ | 4 | カ | 5 | ア | 6 | ク | 7 | イ | 8 | エ |

2.（P.61）

(1) | 35,000 円 | + | 200,000 円 | = | 235,000 円 |

(2) | 63,000 円 |

(3) | 235,000 円 | − | 63,000 円 | = | 172,000 円 |

第3章　課　税　標　準

1．所得の金額の総合

1.（P.64）

A 群	1	2	3	4	5
B 群	エ	ウ	イ	オ	ア

2.（P.64）

No.	所 得 の 種 類
(1)	雑　　　所　　　得
(2)	退　職　所　得
(3)	不　動　産　所　得
(4)	利　子　所　得
(5)	配　当　所　得
(6)	一　時　所　得
(7)	給　与　所　得
(8)	事　業　所　得
(9)	譲　渡　所　得
(10)	山　林　所　得

3.（P.65）

| 1 | サ | 2 | セ | 3 | カ | 4 | ク | 5 | ス | 6 | コ | 7 | ウ | 8 | シ |
| 9 | エ | 10 | オ | 11 | キ | 12 | イ | 13 | ア | 14 | ソ | 15 | ケ | | |

4.（P.65）

区　　分	金　　額	計　算　過　程
総所得金額	7,700,000 円	1,700,000 円 ＋ 1,800,000 円 ＋ 2,600,000 円 ＋ 600,000 円 ＋ 400,000 円 ＋（ 900,000 円 ＋ 300,000 円 ）× $\frac{1}{2}$ ＝ 7,700,000 円

5.（P.67）

所得の種類等	金　　額	計　算　過　程
給　与　所　得	① 6,260,200 円	〔1〕収入金額 7,700,000 円 ＋ 230,000 円 ＋ 248,000 円 　＝ 8,178,000 円 〔2〕給与所得控除額 8,178,000 円 × 0.1 ＋ 1,100,000 円 　＝ 1,917,800 円 〔3〕給与所得の金額 8,178,000 円 － 1,917,800 円 ＝ 6,260,200 円
不動産所得	② 3,890,000 円	〔1〕総収入金額 4,800,000 円 ＋ 1,000,000 円 ＋ 200,000 円 　＝ 6,000,000 円 〔2〕必要経費 100,000 円 ＋ 300,000 円 ＋ 440,000 円 　（注）減価償却費 　＋ 720,000 円 ＝ 1,560,000 円 　（注）減価償却費の計算 24,000,000 円 × 0.040 × $\frac{9}{12}$ 　＝ 720,000 円 〔3〕不動産所得の金額　　　　青色申告特別控除額 6,000,000 円 － 1,560,000 円 － 550,000 円 　＝ 3,890,000 円
総所得金額	③ 10,150,200 円	① ＋ ② ＝ 10,150,200 円

6．（P.69）

所得の種類等	金　額	計　算　過　程
事　業　所　得	① 6,810,000 円	〔1〕総収入金額　　　　　（注）自家消費額 56,000,000 円 ＋ 420,000 円 ＋ 60,000 円 ＋ 30,000 円 ＝ 56,510,000 円 （注）自家消費額の計算 600,000 円 × 70 ％ ＝ 420,000 円 ＞ 400,000円 ∴ 420,000 円 〔2〕必要経費 　㋑　売上原価 　　2,880,000 円 ＋ 37,000,000 円 － 2,700,000 円 　　＝ 37,180,000 円 　㋺　営業費 　　210,000 円 ＋ 8,840,000 円 ＋ 420,000 円 　　＝ 9,470,000 円 　㋩　青色事業専従者給与　2,400,000 円 〔3〕事業所得の金額 　　　　　　　　必要経費合計(㋑＋㋺＋㋩) 56,510,000 円 － 49,050,000 円 － 650,000 円 ＝ 6,810,000 円
雑　　所　　得	② 40,000 円	
総 所 得 金 額	③ 6,850,000 円	① ＋ ② ＝ 6,850,000 円

7. (P.71)

所得の種類等	金　　額	計　　算　　過　　程
事 業 所 得	① 5,311,200 円	〔1〕総収入金額　　　　(注)自家消費額 　73,300,000 円 ＋ 　560,000 円 ＋ 　80,000 円 　＝ 73,940,000 円 　(注)自家消費額の計算 　　800,000 円 × 70 ％ 　　＝ 560,000 円 ＞ 500,000円 ∴ 560,000 円 〔2〕必要経費 　㋑ 売上原価 　　2,446,000 円 ＋ 53,800,000 円 － 2,126,000 円 　　＝ 54,120,000 円 　㋺ 営 業 費　　　　　　　交 際 費 　　230,000 円 ＋ 1,250,000 円 × 80 ％ 　　　　　　　　　(注)減価償却費 　　＋ 9,750,000 円 ＋ 478,800 円 　　＝ 11,458,800 円 　(注)減価償却費の計算 　　2,394,000 円 × 0.200 ＝ 478,800 円 　㋩ 青色事業専従者給与　2,400,000 円 〔3〕事業所得の金額 　　　　　必要経費合計(㋑＋㋺＋㋩) 　73,940,000 円 － 67,978,800 円 － 650,000 円 　＝ 5,311,200 円
（ 一 時 ）所 得	② 400,000 円	特別控除額 900,000 円 － 500,000 円 ＝ 400,000 円
雑 　 所 　 得	③ 70,000 円	
総 所 得 金 額	④ 5,581,200 円	① ＋ ② × $\dfrac{1}{2}$ ＋ ③ ＝ 5,581,200 円

9

第4章　所得控除と課税総所得金額

1．（P.85）

1	オ	2	カ	3	ク	4	エ	5	ウ	6	キ	7	ア	8	イ

2．（P.85）

(1)

ア	イ	ク	ケ	コ	サ

(2)

ウ	エ	オ	カ	キ

(3)

シ	ス	セ	ソ

3．（P.86）

各種所得等	金　額	計　算　過　程
総 所 得 金 額	① 6,131,200 円	

所得控除等	金　額	計　算　過　程
社会保険料控除	② 234,000 円	
生命保険料控除	③ 70,250 円	$\left(\boxed{63,000 円} \times \frac{1}{4} + 25,000円 \right) + \left(\boxed{34,000 円} \times \frac{1}{2} + 12,500円 \right) = \boxed{70,250 円}$
配 偶 者 控 除	④ 380,000 円	
配偶者特別控除	⑤ 0 円	
扶 養 控 除	⑥ 960,000 円	$\boxed{380,000 円} + \boxed{580,000 円} = \boxed{960,000 円}$
基 礎 控 除	⑦ 480,000 円	
所得控除額合計	⑧ 2,124,250 円	② + ③ + ④ + ⑤ + ⑥ + ⑦ = $\boxed{2,124,250 円}$
課税総所得金額	⑨ 4,006,000 円	① − ⑧ = $\boxed{4,006,950 円}$ → $\boxed{4,006,000 円}$ （1,000円未満切捨て）

4. (P.88)

1. 各種所得の金額及び総所得金額の計算

所得の種類等	金　額	計　算　過　程
不 動 産 所 得	① 1,758,000 円	〔1〕総収入金額 4,500,000 円 ＋ 300,000 円 ＋ 320,000 円 ＋ 120,000 円 ＝ 5,240,000 円 〔2〕必要経費 18,000 円 ＋ 240,000 円 ＋ 248,000 円 青色専従者給与　　（注）減価償却費 ＋ 456,000 円 ＋ 720,000 円 ＋ 1,150,000 円 ＝ 2,832,000 円 （注）減価償却費の計算 25,000,000 円 × 0.046 ＝ 1,150,000 円 〔3〕不動産所得の金額 5,240,000 円 － 2,832,000 円 － 650,000 円 ＝ 1,758,000 円
給 与 所 得	② 4,516,000 円	〔1〕収入金額 5,600,000 円 ＋ 238,000 円 ＋ 357,000 円 ＝ 6,195,000 円 〔2〕給与所得控除額 6,195,000 円 × 0.2 ＋ 440,000 円 ＝ 1,679,000 円 〔3〕給与所得の金額 6,195,000 円 － 1,679,000 円 ＝ 4,516,000 円
総 所 得 金 額	③ 6,274,000 円	① ＋ ② ＝ 6,274,000 円

2．所得控除額及び課税総所得金額の計算

所得控除額等	金　　額	計　算　過　程
（**医療費**）控除	④　124,500 円	
社会保険料控除	⑤　357,000 円	
生命保険料控除	⑥　44,000 円	$\left(\boxed{35,000\,円} \times \frac{1}{2} + 12,500円 \right) + \boxed{14,000}\,円$ $= \boxed{44,000}\,円$
配 偶 者 控 除	⑦　380,000 円	
配偶者特別控除	⑧　　0 円	
扶 養 控 除	⑨　960,000 円	$\boxed{380,000\,円} + \boxed{580,000\,円} = \boxed{960,000\,円}$
基 礎 控 除	⑩　480,000 円	
所得控除額合計	⑪　2,345,500 円	④ ＋ ⑤ ＋ ⑥ ＋ ⑦ ＋ ⑧ ＋ ⑨ ＋ ⑩ ＝ $\boxed{2,345,500\,円}$
課税総所得金額	⑫　3,928,000 円	③ － ⑪ ＝ $\boxed{3,928,500\,円}$ → $\boxed{3,928,000\,円}$ $\left(\begin{array}{l} 1,000円未満 \\ 切　捨　て \end{array} \right)$

第5章　所得税額の計算

(P.95)

所得税の確定申告書(一般用)略式

総　所　得　金　額	5,000,000 円
所 得 控 除 額 合 計	1,300,000 円
課 税 総 所 得 金 額	3,700,000 円
税　　　　　　　額	312,500 円
配　当　控　除　額	20,000 円
差引税額 (基準所得税額)	292,500 円
復 興 特 別 所 得 税 額	6,142 円
所得税及び復興特別所得税の額	298,642 円
源 泉 徴 収 税 額	40,840 円
申　告　納　税　額 (百円未満切捨て)	257,800 円
予定納税額　第1期分	80,000 円
予定納税額　第2期分	80,000 円
第 3 期分の納付税額	97,800 円

1. 算出税額の計算

$$3,700,000 \text{ 円} \times 20 \text{ \%} - 427,500 \text{ 円}$$
$$= 312,500 \text{ 円}$$

2. 配当控除額の計算

① 源泉徴収税控除前配当額

$$159,160 \text{ 円} \div (1 - 0.2042)$$
$$= 200,000 \text{ 円}$$

② 配当控除額の計算

$$200,000 \text{ 円} \times 10 \text{ \%} = 20,000 \text{ 円}$$

3. 源泉徴収税額の計算 (配当金)

（配当金額）　（源泉徴収税率）
$$200,000 \text{ 円} \times 20.42\% = 40,840 \text{ 円}$$

第6章　所得税の申告・納付等の手続

(P.99)

1	エ	2	ウ	3	イ	4	オ	5	ア	6	カ

練 習 問 題

1. 次の □ の中にあてはまる語を，下記の語群から選び，解答欄に記号で記入しなさい。

(1) 退職所得とは，退職に際して勤務先から受け取る (1) や一時恩給，その他の退職により (2) に受ける給与による所得である。

(2) 退職所得の金額は，その年の (3) から (4) を差引いた金額の (5) である。ただし，法人の役員等で勤続年数が (6) 以下の者に支払われる退職手当等については， (5) しない。

(3) 退職所得控除額

退職所得控除額は，次の式で求められる。

① 勤続年数が20年以下の場合

(7) ×勤続年数（ただし，80万円未満となる場合には (8) ）

② 勤続年数20年超の場合

(9) ×（勤続年数− (10) ）+ (11)

<語　群>

ア．40万円	イ．70万円	ウ．80万円	エ．800万円	オ．収入金額
カ．退職手当	キ．一　時	ク．退職所得控除額		ケ．2分の1
コ．20年	サ．5年			

<解答欄>

1		2		3		4		5		6		7	
8		9		10		11							

2. 松浦恵子は，本年5月に大阪出版㈱を退職し，退職金5,000,000円（源泉所得税控除前）を取得した。なお，勤続年数は12年である。松浦恵子の本年分の退職所得の金額を計算しなさい。

（収入金額）　　　（退職所得控除額）

（　　　円 − 400,000 × 　　年）× ── = 　　　円

3. 池袋一郎(55歳)は，本年3月31日に郡山㈱を退職し，退職金23,000,000円（税引前）の支払を受けた。次の資料により退職所得の金額を計算しなさい。

<資　料> (1) 勤続年数　　33年

(2) 勤続年数が20年を超える場合の退職所得控除額の計算式

800万円＋70万円×（勤続年数−20年）

① 退職所得控除額の計算

□円 + □円 ×（□年 − □年）= □円

② 退職所得の金額

（□円 − □円）× □/2 = □円

7 山林所得

(1) 山林所得の意義

山林所得とは，山林を伐採して譲渡したり，又は山林のまま譲渡したことによる所得をいう。ただし，山林をその取得の日以後5年以内に伐採又は譲渡による所得は，山林所得ではなく事業所得又は雑所得となる。

(2) 山林所得の金額の計算方法

山林所得の金額は，その年の総収入金額から必要経費を控除し，さらに山林所得の特別控除額を控除した金額である。

山林所得の金額＝総収入金額－必要経費－特別控除額（最高50万円）

ⅰ）必要経費

山林所得の金額の計算上の必要経費は，その譲渡した山林の植林費，取得費用，その山林の管理費，伐採費その他その山林の育成や譲渡に要した費用の合計額である。

ⅱ）特別控除額

山林所得の特別控除額は**50万円**で，総収入金額から必要経費を控除した額が50万円に満たない場合には，その控除した残額が特別控除額となる。

ⅲ）青色申告者の場合

青色申告者の場合には，上記の式からさらに10万円の青色申告特別控除額を控除できる。

山林所得の金額＝総収入金額－必要経費－特別控除額－青色申告特別控除額（10万円）

しかし，この青色申告特別控除額の10万円は，まず不動産所得の計算において差引き，引ききれない額を事業所得の計算において差引き，さらに差引かれない場合にのみその残額を山林所得の計算から差引くことができる。

(3) 山林所得の課税方法

山林所得は，長期間の累積されたものが一時に所得となるので，他の所得と合算せずに，分離独立課税となる。税負担の軽減を図るために，課税所得金額を5分の1にして税率を乗じて税額を計算し，その金額を5倍にして全体の税額とする，いわゆる「5分5乗方式」で課税される。

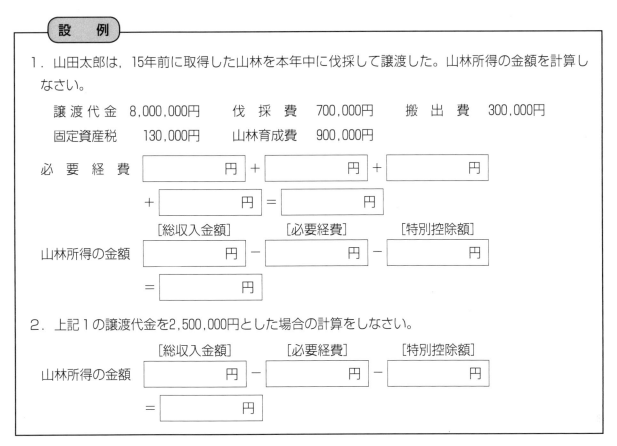

設　例

1．山田太郎は，15年前に取得した山林を本年中に伐採して譲渡した。山林所得の金額を計算しなさい。

譲渡代金　8,000,000円　　伐採費　700,000円　　搬出費　300,000円

固定資産税　130,000円　　山林育成費　900,000円

必要経費　［　　　円　］＋［　　　円　］＋［　　　円　］

＋［　　　円　］＝［　　　円　］

［総収入金額］　　　［必要経費］　　　［特別控除額］

山林所得の金額　［　　　円　］－［　　　円　］－［　　　円　］

＝［　　　円　］

2．上記1の譲渡代金を2,500,000円とした場合の計算をしなさい。

［総収入金額］　　　［必要経費］　　　［特別控除額］

山林所得の金額　［　　　円　］－［　　　円　］－［　　　円　］

＝［　　　円　］

【解答】　1．必要経費　700,000円＋300,000円＋130,000円＋900,000円＝2,030,000円

山林所得の金額　8,000,000円－2,030,000円－500,000円＝5,470,000円

2．山林所得の金額　2,500,000円－2,030,000円－（注）470,000円＝0円

（注）　譲渡代金と必要経費合計の差額470,000円と500,000円を比較して少ない額が特別控除額となる。

1. 次の ▢ の中にあてはまる語を，下記の語群から選び，解答欄に記号で記入しなさい。

(1) 山林所得とは，山林を (1) して譲渡したり，又は山林のまま譲渡したことによる所得をいう。ただし，山林をその取得の日以後 (2) に伐採，又は譲渡による所得は，山林所得ではなく，(3) 又は雑所得となる。

(2) 山林所得の金額は，その年の (4) から (5) を控除し，さらに (6) を控除した金額である。青色申告者の場合には，さらに10万円の (7) を控除できる。

<語 群> ア．事業所得　イ．必要経費　ウ．5年以内　エ．青色申告特別控除額
オ．伐　　採　カ．総収入金額　キ．特別控除額

(3) 山林所得の金額の計算上の必要経費は，その譲渡した山林の (8) ，取得費用，その山林の管理費，伐採費その他その山林の育成や譲渡に要した費用の合計額である。

(4) 山林所得の特別控除額は (9) で，総収入金額から必要経費を控除した額が50万円に (10) 場合には，その控除した残額が特別控除額となる。

(5) 山林所得は，長期間の累積されたものが一時に所得となるので，他の所得と合算しない (11) となる。税負担の (12) を図るために，(13) を5分の1にして税率を乗じて税額を計算し，その金額を (14) にして全体の税額とする，いわゆる「5分5乗方式」で課税される。

<語 群> ク．50万円　ケ．5 倍　コ．分離課税　サ．植林費
シ．満たない　ス．軽 減　セ．課税所得金額

<解答欄>

1		2		3		4		5		6		7	
8		9		10		11		12		13		14	

2. 古谷直樹は，7年前に3,000,000円で取得した山林を本年10月に5,800,000円で譲渡した。なお，この山林について取得の日から譲渡の日までの育成費，管理費及び譲渡費用として980,000円を支出している。古谷直樹の本年分の山林所得の金額を計算しなさい。

（総収入金額）　　　（必 要 経 費）　　　　（特別控除額）
▢ 円 － (▢ 円 ＋ ▢ 円) － ▢ 円

（山林所得の金額）
＝ ▢ 円

8 譲渡所得

(1) 譲渡所得の意義

譲渡所得とは，資産譲渡（建物又は構築物の所有を目的とする借地権の設定を含む）による所得をいう。具体的には，販売を目的としない土地，建物，車両，備品などの資産の譲渡をいい，「資産譲渡」には，通常の売却のほかに交換や現物出資，法人に対する贈与・遺贈が含まれる。

なお，家具，通勤用自動車，衣服などの生活に通常必要な動産（**生活用動産**という）の譲渡による所得は非課税所得となる。しかし，1個又は1組の時価が30万円を超える貴金属，書画，骨とうの譲渡による所得は課税される。

(2) 譲渡所得の区分

譲渡所得の対象資産の違いにより，①土地建物等以外の譲渡，②土地建物等の譲渡に区分され，対象資産の保有期間が5年以内か否かにより，短期譲渡所得と長期譲渡所得に区分される。（なお，他に株式等の譲渡に関する区分もあるが，本テキストでの説明は割愛する。）

① 土地建物等以外の譲渡

土地建物等以外の資産を取得してから5年以内に譲渡した場合の所得を短期譲渡所得といい，5年を超える期間所有した資産を譲渡した所得を長期譲渡所得という。この所得は，他の所得と合算する**総合課税**となる。

② 土地建物等の譲渡

土地建物等を譲渡した場合には，その譲渡所得は，その他の所得と総合しないで**分離課税**となる。

分離課税とされる譲渡所得もその資産の所有期間によって長期と短期に区分される。

a．長期譲渡所得……譲渡のあった年の1月1日において所有期間が5年を超える土地等，建物等に係る譲渡所得（適用税率，原則15％）

b．短期譲渡所得……譲渡のあった年の1月1日において所有期間が5年以下の土地等，建物等に係る譲渡所得（適用税率，原則30％）

(3) 譲渡所得の金額の計算方法

ここでは，土地建物等以外の譲渡所得の計算方法のみ学習する。土地建物等以外の譲渡所得の金額は，その年の総収入金額から，その資産の取得費および譲渡費用の合計額を控除し，その控除した残額（「**譲渡益**」という）から，さらに特別控除額を控除した金額である。

譲渡益＝総収入金額－（取得費＋譲渡費用）

譲渡所得の金額＝譲渡益－特別控除額（最高50万円）

(4) 土地建物等以外の譲渡所得の特別控除額

土地建物等以外の譲渡所得の特別控除額は，最高50万円で，総合課税される短期譲渡所得の譲渡益から控除し，なお，余っている場合にのみ，総合課税される長期譲渡所得から控除される。

(5) 総合課税される長期譲渡所得の金額

他の所得と合算して総所得金額に算入する場合，つまり総合課税される長期譲渡所得の金額は，長期譲渡所得の2分の1の金額である。

$$総所得金額に算入される長期譲渡所得の金額＝長期譲渡所得の金額 \times \frac{1}{2}$$

設　例

1. 田村秀三は，4年前に800,000円で取得した骨とう品を本年7月に2,500,000円で譲渡した。なお，この骨とう品の譲渡に要した費用として30,000円を支出している。田村秀三の本年分の譲渡所得を計算しなさい。

　　　（総収入金額）　　　　　（取得費）　　　　　（譲渡費用）　　　　　（特別控除額）

　　　$\boxed{\qquad 円}$ － ($\boxed{\qquad 円}$ ＋ $\boxed{\qquad 円}$) － $\boxed{\qquad 円}$

　　（譲渡所得の金額）

　　＝ $\boxed{\qquad 円}$

2. 東京四郎は，本年8月に8年前に400,000円で購入した絵画を1,300,000円で譲渡した。なお，この絵画の譲渡に要した費用として50,000円を支出している。よって，譲渡所得の金額を計算しなさい。また，総所得金額に算入される譲渡所得の金額を計算しなさい。

　　譲　渡　益　$\boxed{\qquad 円}$ － ($\boxed{\qquad 円}$ ＋ $\boxed{\qquad 円}$)

　　　　　　　＝ $\boxed{\qquad 円}$

　　譲渡所得の金額　$\boxed{\qquad 円}$ － $\boxed{\qquad 円}$ ＝ $\boxed{\qquad 円}$

　　総所得金額に算入される譲渡所得の金額　$\boxed{\qquad 円} \times \dfrac{1}{2} = \boxed{\qquad 円}$

3. 大阪五郎は，本年に次のような資産を譲渡した。よって，総所得金額に算入すべき譲渡所得の金額を算入しなさい。

　　［譲渡資産］　(1)　絵画の譲渡益（短期保有資産）　　　　　　420,000円

　　　　　　　　　(2)　事業用固定資産の譲渡益（長期保有資産）　1,280,000円

①　総合短期譲渡所得の金額　$\boxed{\qquad 円}$ － $\boxed{\qquad 円}$ ＝ $\boxed{\qquad 円}$

　　　　　　　　　　　　　　　　　　　　　　　　（注）特別控除額

②　総合長期譲渡所得の金額　$\boxed{\qquad 円}$ － $\boxed{\qquad 円}$ ＝ $\boxed{\qquad 円}$

　　（注）特別控除額　$\boxed{\qquad 円}$ － $\boxed{\qquad 円}$ ＝ $\boxed{\qquad 円}$

③　総所得金額に算入される譲渡所得の金額　$\boxed{\qquad 円} \times \dfrac{1}{2} = \boxed{\qquad 円}$

【解答】　1．2,500,000円－(800,000円＋30,000円)－500,000円＝1,170,000円

　　　　　2．譲渡益　1,300,000円－(400,000円＋50,000円)＝850,000円

　　　　　　　譲渡所得の金額　850,000円－500,000円＝350,000円

　　　　　　　総所得金額に算入される譲渡所得の金額　350,000円×$\dfrac{1}{2}$＝175,000円

　　　　　3．①　総合短期譲渡所得の金額　420,000円－420,000円＝0円

　　　　　　　②　総合長期譲渡所得の金額　1,280,000円－(注)80,000円＝1,200,000円

　　　　　　　　　(注)　特別控除額　500,000円－420,000円＝80,000円

　　　　　　　③　総所得金額に算入される譲渡所得の金額　1,200,000円×$\dfrac{1}{2}$＝600,000円

2 所得の内容とその計算方法

練 習 問 題

1. 次の ▢ の中にあてはまる語を，下記の語群から選び，解答欄に記号で記入しなさい。

(1) 譲渡所得とは， (1) （建物又は構築物の所有を目的とする借地権の設定を含む）による所得をいう。具体的には，販売を目的としない (2) ，建物，車両，備品などの資産の譲渡である。したがって，販売目的の (3) の譲渡や山林の伐採・譲渡による所得は含まれない。また，「譲渡」には，通常の売却のほかに交換， (4) ，贈与・遺贈が含まれる。

(2) 土地・建物以外の資産を取得してから5年以内に譲渡した所得を (5) といい，5年を超えた資産を譲渡した所得を (6) という。なお，これらの所得は，他の所得と合算する (7) となる。
土地・建物の譲渡所得は，他の所得と分離して課税する (8) となる。土地・建物は，譲渡した年の (9) において所有期間が (10) を超えるか否かで，短期譲渡所得と長期譲渡所得として課税される。

<語 群>
ア. 資産譲渡	イ. 棚卸資産	ウ. 分離課税	エ. 短期譲渡所得
オ. 総合課税	カ. 土　地	キ. 現物出資	ク. 長期譲渡所得
ケ. 1月1日	コ. 5　年		

(3) 土地・建物以外の譲渡所得の金額は，その年の (11) から，その資産の取得費および (12) の合計額を控除し，その控除した残額（「 (13) 」という）から，さらに， (14) を控除した金額である。

(4) 土地・建物以外の譲渡所得の特別控除額は，最高 (15) で，総合課税される (16) の譲渡益から控除し，なお余っている場合にのみ，総合課税される (17) の譲渡益から控除される。

(5) 他の所得と合算して総所得金額を計算する長期譲渡所得の金額は，長期譲渡所得の (18) の金額として計算する。

<語 群>
サ. 50万円	シ. 譲渡費用	ス. 2分の1	セ. 長期譲渡所得
ソ. 譲渡益	タ. 特別控除額	チ. 総収入金額	ツ. 短期譲渡所得

<解答欄>
1	2	3	4	5	6	7
8	9	10	11	12	13	14
15	16	17	18			

2. 秋山幸子は，3年前に400,000円で取得した絵画を本年9月に1,500,000円で譲渡した。なお，この絵画の譲渡に要した費用として50,000円を支出している。秋山幸子の本年分の譲渡所得の金額を計算しなさい。

▢ 円 － (▢ 円 ＋ ▢ 円) － ▢ 円
＝ ▢ 円

3．横浜秋男は，本年に次のような資産を譲渡した。よって，総所得金額に算入すべき譲渡所得の金額を算入しなさい。

[譲渡資産]　⑴　骨とうの譲渡益（短期保有資産）　　　　　　900,000円

　　　　　　⑵　事業用固定資産の譲渡益（長期保有資産）　1,600,000円

①　総合短期譲渡所得の金額　□□□□円 － □□□□円 ＝ □□□□円

②　総合長期譲渡所得の金額　□□□□円

③　総所得金額に算入される譲渡所得の金額

$$□□□□円 ＋ □□□□円 × \frac{1}{□□} ＝ □□□□円$$

9 一時所得

⑴　一時所得の意義

　一時所得とは，利子所得，配当所得，不動産所得，事業所得，給与所得，退職所得，山林所得及び譲渡所得以外の所得のうち，営利を目的とする継続的行為から生じた所得以外の一時の所得で，労務その他の役務又は資産の譲渡の対価としての性質を持たないものをいう。

　例えば，次のような所得が一時所得となる。

イ．クイズ・懸賞等の賞金品，福引の当選金品

ロ．競輪・競馬の払戻金

ハ．生命保険契約に基づく一時金，損害保険契約に基づく満期返戻金等（本人が掛金を負担したものに限る）

ニ．借家人が受ける立退料

ホ．遺失物の拾得による報労金，など

　なお，宝くじの当選金品や相続税・贈与税の対象となる所得など，非課税所得となるものもある。

⑵　一時所得の金額の計算方法

　一時所得の金額は，その年の総収入金額から，その収入を得るために支出した金額を差引き，さらに最高50万円の特別控除額を控除した金額である。なお，総所得金額に算入される一時所得の金額は，上記の金額の2分の1となる。

　　　　一時所得の金額＝総収入金額－収入を得るために支出した金額－特別控除額（最高50万円）

　　　　総所得金額に算入される一時所得＝上記の一時所得の金額×$\frac{1}{2}$

設　例

1. 山梨六郎は，テレビ局のクイズに応募して出演し，賞金1,000,000円（税引前）を受取った。なお，応募費用として36,900円を支出している。よって，一時所得の金額を計算し，総所得金額に算入される金額を計算しなさい。

（総収入金額）　（収入を得るための支出）　（特別控除額）　　（一時所得の金額）
　　　　円　　－　　　　　円　　－　　　　　円　　＝　　　　　円

総所得金額に算入される一時所得　　　　　円　×　$\frac{1}{2}$　＝　　　　　円

2. 長野武男は，生命保険が満期となり5,000,000円の満期保険金と300,000円の剰余金分配金を受取った。一時所得の金額を計算し，総所得金額に算入される金額を計算しなさい。ただし，この保険金の掛金2,100,000円はすべて受取人が負担したものである。

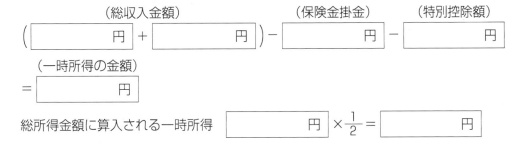

（総収入金額）　　　　　　　（保険金掛金）　　（特別控除額）
（　　　　円　＋　　　　　円　）－　　　　　円　－　　　　　円

（一時所得の金額）
＝　　　　　円

総所得金額に算入される一時所得　　　　　円　×　$\frac{1}{2}$　＝　　　　　円

【解答】　1．1,000,000円－36,900円－500,000円＝463,100円

　　　　　総所得金額に算入される一時所得　463,100円×$\frac{1}{2}$＝231,550円

　　　　2．（5,000,000円＋300,000円）－2,100,000円－500,000円＝2,700,000円

　　　　　総所得金額に算入される一時所得　2,700,000円×$\frac{1}{2}$＝1,350,000円

1. 次の ☐ の中にあてはまる語を，下記の語群から選び，解答欄に記号で記入しなさい。

(1) 一時所得とは，利子所得，配当所得，不動産所得，事業所得，給与所得，退職所得，山林所得及び譲渡所得以外の所得のうち，①営利を目的とする (1) から生じた所得以外の (2) の所得で，② (3) その他の役務又は資産の譲渡の (4) としての性質をもたないものをいう。

(2) 一時所得の金額は，その年の (5) から，その収入を得るために (6) した金額を差引き，さらに最高50万円の (7) を控除した額が一時所得の金額である。なお，総所得金額に算入される一時所得の金額は，上記の金額の (8) である。

<語 群>　ア．2分の1　　イ．一　時　　ウ．労　務　　エ．特別控除額
　　　　　オ．対　価　　カ．支　出　　キ．継続的行為　　ク．総収入金額

<解答欄> | 1 | | 2 | | 3 | | 4 | | 5 | | 6 | | 7 | | 8 | |

2. 平野良子は，本年5月にテレビのクイズの賞金800,000円（源泉所得税控除前）を取得した。なお，この賞金を得るために直接支出した金額20,000円がある。平野良子の本年分の一時所得の金額と，総所得金額に算入される一時所得の金額を計算しなさい。

一時所得の金額

☐円 － ☐円 － ☐円 ＝ ☐円

総所得金額に算入される一時所得

☐円 × $\frac{1}{2}$ ＝ ☐円

⑩ 雑 所 得

(1) 雑所得の意義

雑所得とは，利子所得，配当所得，不動産所得，事業所得，給与所得，退職所得，山林所得，譲渡所得及び一時所得のいずれにも該当しないものをいう。なお，事業所得と雑所得又は山林所得と雑所得を区分するときの判断の基準は，その収入により生計をたてているかどうか等による。

例えば，次のような所得が雑所得となる。

イ．文筆家以外の人が受ける原稿料・印税・講演料など

ロ．非営業貸金の利子

ハ．郵便年金・生命保険年金・学校債・組合債の利子

ニ．定期積金又は相互掛金の給付補てん金

ホ．公社債の償還差益または発行差金

ヘ．国税又は地方税に係る還付加算金

ト．鉱業権，採石権の貸付による所得

チ．年金（公的年金等）や恩給（一時恩給を除く）及び過去の勤務に基づき使用者であったものから支給される年金，適格退職年金契約に基づく年金，など

(2) 雑所得の金額の計算方法

雑所得の金額は，次の㈑公的年金等以外の雑所得の金額と，㈨公的年金等の雑所得の金額の合計額である。

> ㈑ **総収入金額**（㈨の収入金額を除く）**－必要経費**
> ㈨ **公的年金等の収入金額－公的年金等控除額**
> ㈑と㈨の合計額＝雑所得の金額

(ⅰ) 公的年金等以外の雑所得の金額

公的年金等以外の雑所得の金額は，その年中に収入することが確定した金額から，その収入を得るために支出した必要経費を控除した金額である。

なお，原稿料や印税など支払の際に源泉徴収されるものは，源泉徴収前の金額が収入金額となる。

(ⅱ) 公的年金等控除額

公的年金等の収入金額から控除される公的年金等控除額は，次の表から求められる。

A．公的年金等に係る雑所得以外の所得に係る合計所得金額が，年間1,000万以下の場合

※　合計所得金額については，第4章参照。

受給者の年齢	その年中の公的年金等の 収入金額の合計額　　(A)		公的年金等控除額
12月31日現在 65歳以上の人	330万円以下		110万円
	330万円超	410万円以下	(A)×25％＋ 27.5万円
	410万円超	770万円以下	(A)×15％＋ 68.5万円
	770万円超	1,000万円以下	(A)× 5％＋145.5万円
	1,000万円超		195.5万円
12月31日現在 65歳未満の人	130万円以下		60万円
	130万円超	410万円以下	(A)×25％＋ 27.5万円
	410万円超	770万円以下	(A)×15％＋ 68.5万円
	770万円超	1,000万円以下	(A)× 5％＋145.5万円
	1,000万円超		195.5万円

B．公的年金等に係る雑所得以外の所得に係る合計所得金額が年間1,000万円超2,000万円以下の場合

受給者の年齢	その年中の公的年金等の 収入金額の合計額　　(A)		公的年金等控除額
12月31日現在 65歳以上の人	330万円以下		100万円
	330万円超	410万円以下	(A)×25％＋ 17.5万円
	410万円超	770万円以下	(A)×15％＋ 58.5万円
	770万円超	1,000万円以下	(A)× 5％＋135.5万円
	1,000万円超		185.5万円
12月31日現在 65歳未満の人	130万円以下		50万円
	130万円超	410万円以下	(A)×25％＋ 17.5万円
	410万円超	770万円以下	(A)×15％＋ 58.5万円
	770万円超	1,000万円以下	(A)× 5％＋135.5万円
	1,000万円超		185.5万円

C．公的年金等に係る雑所得以外の所得に係る合計所得金額が年間2,000万円超の場合

受給者の年齢	その年中の公的年金等の 収入金額の合計額　　(A)		公的年金等控除額
12月31日現在 65歳以上の人	330万円以下		90万円
	330万円超	410万円以下	(A)×25%＋　7.5万円
	410万円超	770万円以下	(A)×15%＋ 48.5万円
	770万円超	1,000万円以下	(A)× 5%＋125.5万円
	1,000万円超		175.5万円
12月31日現在 65歳未満の人	130万円以下		40万円
	130万円超	410万円以下	(A)×25%＋　7.5万円
	410万円超	770万円以下	(A)×15%＋ 48.5万円
	770万円超	1,000万円以下	(A)× 5%＋125.5万円
	1,000万円超		175.5万円

設　例

　宮崎夏夫は，給与所得（1,000万円以下）のほかに当年中に次のような収入があった。よって，雑所得の金額を計算しなさい。

　1．友人に対する貸付金の利子　　　　　　　　90,000円
　2．原稿料の手取額（10.21%の源泉徴収済み）179,580円
　3．上記の2．の原稿の取材費用　　　　　　　40,000円

		（貸付金利子）	（原　稿　料）	
(1)	総 収 入 金 額	☐ 円	＋ ☐ 円	÷（1 － ☐ 0. ☐ ）
		＝ ☐ 円		
(2)	必 要 経 費	☐ 円		
(3)	雑所得の金額	☐ 円 － ☐ 円 ＝ ☐ 円		

【解答】　(1)　総収入金額　　90,000円＋179,580円÷（1－0.1021）＝290,000円
　　　　　(2)　必 要 経 費　　40,000円
　　　　　(3)　雑所得の金額　290,000円－40,000円＝250,000円

練 習 問 題

1．次の ☐ の中にあてはまる語を，下記の語群から選び，解答欄に記号で記入しなさい。

　　雑所得とは，利子所得，配当所得，不動産所得，(1) ，給与所得，退職所得，山林所得，譲渡所得及び一時所得のいずれにも (2) しないものをいう。なお，事業所得と雑所得又は山林所得と雑所得を区分するときの (3) の基準は，その収入により (4) をたてているかどうかによる。

　　公的年金等以外の雑所得の金額は，その年中に収入することが (5) した金額（総収入金額）から，その収入を得るために支出した (6) を控除した金額である。

　　なお，原稿料や印税などの支払の際に (7) されるものは，源泉徴収前の金額が (8) となる。

<語　群>　　ア．確　定　　　イ．源泉徴収　　　ウ．事業所得　　　エ．収入金額　　　オ．該　当
　　　　　　カ．生　計　　　キ．判　　断　　　ク．必要経費

<解答欄>　| 1 | | 2 | | 3 | | 4 | | 5 | | 6 | | 7 | | 8 | |
|---|---|---|---|---|---|---|---|---|---|---|---|---|---|---|---|

2．福島秋男は，給与所得（1,000万円以下）のほかに当年中に次のような収入があった。よって，雑所得の金額を計算しなさい。

　　1．友人に対する貸付金の利子　　　　　　　　35,000円
　　2．原稿料の収入額（源泉所得税控除前）　　　200,000円
　　3．上記の2．の原稿の取材費用　　　　　　　63,000円

　　(1) 総 収 入 金 額　☐ 円 ＋ ☐ 円 ＝ ☐ 円

　　(2) 必 要 経 費　☐ 円

　　(3) 雑所得の金額　☐ 円 － ☐ 円 ＝ ☐ 円

第3章 課税標準

　所得税の税額を計算するうえで第2の計算段階が課税標準である。課税標準には，総所得金額，山林所得金額，退職所得金額などがある。

1 所得の金額の総合

　所得税は，1年間に生じた所得を10種類に区分して，各種の所得を計算し，これを合計して課税する総合課税が原則である。ただし，分離課税となっている利子所得や一部の配当所得等は総合課税の対象にはならない。また，所得税の計算にあたっては，それぞれの所得の性格から，税額軽減を目的に課税標準を大きく分け，①総所得金額，②短期譲渡所得の金額，③長期譲渡所得の金額，④山林所得金額，⑤退職所得金額などに区分して計算をする。本章では総所得金額についてのみ学習する。

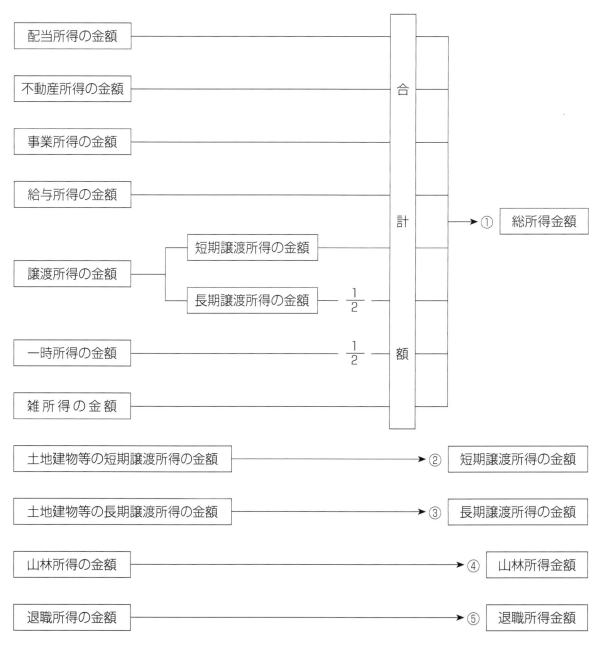

　※上記①〜⑤以外にも課税標準はあるが，本書は基礎テキストのため記載を省略している。

設　例

1. 次の ◻ の中にあてはまる語を，下記の語群から選び，記号で記入しなさい。

| ① | + | ② | + | ③ | + | ④ |

+ ⑤ ＋ 総合短期譲渡所得の金額 ＋（総合長期譲渡所得の金額

+ ⑥ ）× $\frac{1}{2}$ ＝ 総所得金額

総所得金額 － ⑦ ＝ 課税総所得金額

課税総所得金額 × ⑧ ＝ 算出税額

算出税額 － ⑨ ＝ 所得税額

<語群>
ア．所得控除額	イ．不動産所得の金額	ウ．事業所得の金額
エ．給与所得の金額	オ．雑所得の金額	カ．一時所得の金額
キ．税　率	ク．配当所得の金額	ケ．税額控除額

2. 次の資料により，課税標準である総所得金額を計算しなさい。

(1) 配当所得の金額　200,000円　　　(2) 不動産所得の金額　1,100,000円

(3) 事業所得の金額　4,200,000円　　(4) 退職所得の金額　6,800,000円

(5) 譲渡所得の金額　短期所有のもの　600,000円

　　　　　　　　　　長期所有のもの　1,000,000円

(6) 一時所得の金額　400,000円

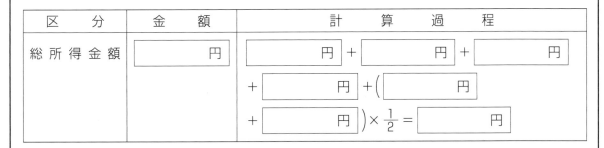

区　　分	金　　額	計　　算　　過　　程
総所得金額	◻ 円	◻ 円 ＋ ◻ 円 ＋ ◻ 円 ＋ ◻ 円 ＋（ ◻ 円 ＋ ◻ 円 ）× $\frac{1}{2}$ ＝ ◻ 円

【解答】 1. ①ク　②イ　③ウ　④エ　⑤オ　⑥カ　⑦ア　⑧キ　⑨ケ

2.	総所得金額	6,800,000円	200,000円＋1,100,000円＋4,200,000円＋600,000円 ＋（1,000,000円＋400,000円）× $\frac{1}{2}$ ＝6,800,000円

〔ヒント〕 退職所得は総所得金額に算入されない。なお，長期譲渡所得は，2分の1
　　　　　を算入する。

1. 次に掲げるＡ群と最も関係の深いものをＢ群から選び，解答欄に記号で記入しなさい。

    ＜Ａ 群＞　　　　　　　　　　　　　＜Ｂ 群＞

      1. 製造業から生じる所得　　　　　　ア. 配当所得

      2. 土地の貸付による所得　　　　　　イ. 給与所得

      3. 勤務先から受ける賃金　　　　　　ウ. 不動産所得

      4. 社債の利子　　　　　　　　　　　エ. 事業所得

      5. 農業協同組合からの剰余金の分配（出資に対するもの）　　　オ. 利子所得

<解答欄>

Ａ 群	1	2	3	4	5
Ｂ 群					

2. 次に掲げる収入は，所得税法に定める各種所得のうち，いずれの所得に属するかを書きなさい。

(1) 友人に対する金銭の貸付による利子

(2) 定年退職によって一時に受ける給与

(3) 土地の貸付による収入

(4) 貸付信託の収益の分配

(5) 公社債投資信託以外の証券投資信託の収益の分配

(6) 遺失物拾得者の受ける報労金

(7) 衆議院議員が受ける歳費

(8) 税理士が業務に関し受ける税理士報酬

(9) 建物（棚卸資産を除く）の売却による収入

(10) 山林（20年間保有）の譲渡による所得

No.	所 得 の 種 類
(1)	
(2)	
(3)	
(4)	
(5)	
(6)	
(7)	
(8)	
(9)	
(10)	

3. 所得税の納付税額は，通常Ⅰ～Ⅳの順序により計算される。□の中に適当な語句を下記の語群より選び，それぞれの計算式を完成させ，記号で解答欄に答えなさい。

  Ⅰ　各種所得の金額

    1. 利子所得の金額＝ (1)

    2. 配当所得の金額＝収入金額－ (2)

    3. 不動産所得の金額＝ (3) －必要経費

    4. 事業所得の金額＝総収入金額－ (4)

    5. 給与所得の金額＝収入金額－ (5)

    6. 退職所得の金額＝（収入金額－ (6) ）× (7)

    7. 山林所得の金額＝総収入金額－必要経費－ (8)

    8. 譲渡所得の金額＝総収入金額－（ (9) ＋譲渡費用）－特別控除額

    9. 一時所得の金額＝総収入金額－ (10) －特別控除額

    10. 雑所得の金額＝総収入金額－必要経費

3
課税標準

Ⅱ 課税標準の金額

総所得金額＝配当所得の金額＋不動産所得の金額＋事業所得の金額＋ (11)

　　　　　＋総合短期譲渡所得の金額＋雑所得の金額＋（総合長期譲渡所得の金額

　　　　　＋ (12) ）$\times \frac{1}{2}$

（注）総所得金額以外の課税標準は省略する。

Ⅲ 課税所得金額の計算

課税総所得金額＝総所得金額－ (13) の合計額

Ⅳ 納付税額の計算

1．算出税額＝課税総所得金額× (14)

2．納付税額＝算出税額－ (15) －源泉徴収税額－予定納税額

<語　群>

ア．所得控除額	イ．一時所得の金額	ウ．$\frac{1}{2}$	エ．取得費
オ．支出した金額	カ．総収入金額	キ．給与所得の金額	ク．必要経費
ケ．税額控除額	コ．退職所得控除額	サ．収入金額	シ．特別控除額
ス．給与所得控除額	セ．負債の利子	ソ．超過累進税率	

<解答欄>

1		2		3		4		5		6		7		8	
9		10		11		12		13		14		15			

4．次の資料により，課税標準である総所得金額を計算しなさい。なお，配当所得については，特例により申告不要となっている。

(1) 配当所得の金額　　300,000円　　　(2) 不動産所得の金額　1,700,000円

(3) 事業所得の金額　1,800,000円　　　(4) 給与所得の金額　　2,600,000円

(5) 譲渡所得の金額　短期所有のもの　600,000円

　　　　　　　　　　長期所有のもの　900,000円

(6) 一時所得の金額　　300,000円　　　(7) 雑所得の金額　　　　400,000円

区　分	金　額	計　算　過　程
総所得金額	円	円 ＋ 　　円 ＋ 　　円 ＋ 　　円 ＋ 　　円 ＋（ 　　円 ＋ 　　円 ）$\times \frac{1}{2}$ ＝ 　　円

5．落合博(年齢50歳)は，Ｔ商事株式会社に勤務するかたわら，本年よりアパートの貸付を始めた。次の資料に基づいて，本年分の所得税の各種所得の金額及び総所得金額の計算をしなさい。

なお電子申告で申告は行なわないものとして計算をするものとする。

＜資料１＞

1．Ｔ商事株式会社からの給料及び賞与の手取額は7,700,000円であった。控除された源泉所得税は230,000円，社会保険料は248,000円である。

2．アパートの貸付に関する事項は次のとおりである。なお，貸付と同時に青色申告書提出の承認を受け，アパート貸付については，正規の簿記の原則に従い記録している。

 (1)　収　入

  ①　本年中の受取家賃（10世帯分）   4,800,000円

  ②　敷　金（預り金）   500,000円

  ③　賃貸に際して受取った礼金（権利金に該当するもの） 1,000,000円

 (2)　支　出

  ①　本年分の火災保険料   100,000円

  ②　不動産会社への仲介手数料   300,000円

  ③　借入金の利子（貸付日以後に係るもの） 440,000円

 (3)　その他

  ①　受取家賃は全て本年中に入金した金額であり，このほか本年分の未収家賃200,000円がある。

  ②　アパートの取得価額は24,000,000円（耐用年数25年）であり，本年４月10日より貸付の用に供している。（耐用年数25年の定額法の償却率0.040）

＜資料２＞

給与所得控除額の計算式

給与所得の収入金額	計　算　式
660万円超　　850万円以下	収入金額×10％＋1,100,000円

各種所得の金額及び総所得金額の計算

所得の種類等	金　額	計　算　過　程
給　与　所　得	①　　　　　円	〔1〕収入金額 　　□円 ＋ □円 ＋ □円 　＝ □円 〔2〕給与所得控除額 　　□円 × 0.□ ＋ □円 　＝ □円 〔3〕給与所得の金額 　　□円 － □円 ＝ □円
不　動　産　所　得	②　　　　　円	〔1〕総収入金額 　　□円 ＋ □円 ＋ □円 　＝ □円 〔2〕必要経費 　　□円 ＋ □円 ＋ □円 　　(注)減価償却費 　＋ □円 ＝ □円 　　(注)減価償却費の計算 　　□円 × 0.□ × $\frac{□}{12}$ 　＝ □円 〔3〕不動産所得の金額　　　　青色申告特別控除額 　　□円 － □円 － □円 　＝ □円
総　所　得　金　額	③　　　　　円	① ＋ ② ＝ □円

6．次の資料により，物品販売業を営む渡辺一郎(60歳)の本年分の各種所得の金額及び総所得金額の計算をしなさい。

＜資　料＞

損　益　計　算　書

自令和6年1月1日　至令和6年12月31日　　　　　（単位：円）

科　　目	金　額	科　　目	金　額
年初商品棚卸高	2,880,000	当 年 売 上 高	56,000,000
当年商品仕入高	37,000,000	年末商品棚卸高	2,700,000
営　業　費	12,000,000	雑　収　入	130,000
青色事業専従者給与	2,400,000		
当　年　利　益	4,550,000		
	58,830,000		58,830,000

付記事項

(1) 渡辺一郎は，3年前から青色申告書の提出の承認を受けているが，減価償却資産の償却方法については届出をしていない。なお，物品販売に関する取引の記録については正規の簿記の原則により処理されており，申告は電子申告で行うものとする。

(2) 当年売上高のうちには，渡辺一郎が家事のために消費したものが含まれていない。同人が自家消費した商品の通常の販売価額は600,000円であり，仕入価額は400,000円である。

(3) 雑収入の内訳は次のとおりである。

　① 商品空箱の売却代金　　　　　60,000円
　② 友人に対する貸付金の利子　　40,000円
　③ 従業員に対する貸付金の利子　30,000円

(4) 営業費の内訳は次のとおりである。

　① 所得税納付額　　　　450,000円
　② 住民税納付額　　　　340,000円
　③ 事業税納付額　　　　210,000円
　④ 家事費支払額　　　2,160,000円
　⑤ その他の営業費　　8,840,000円（この金額は営業上の必要経費であり，適法に計算されている。）

(5) 物品販売業で使用している商品ケースに係る減価償却費は営業費に含まれていない。定額法で計算すると420,000円であり，定率法で計算すると510,000円である。

(6) 青色事業専従者給与は，生計を一にする長男に対して支払ったもので届出書に記載した金額の範囲内であり，労務の対価として相当額である。

各種所得の金額および総所得金額の計算

所得の種類等	金　額	計　算　過　程
事 業 所 得	①　　　　　円	〔1〕総収入金額　　(注)自家消費額 　　円　+　　　円　+　　　円 　+　　　円　=　　　円 (注)自家消費額の計算 　　円　×　　％ 　=　　　円　> 400,000円　∴　　　円 〔2〕必要経費 　㋑　売上原価 　　　円　+　　円　−　　円 　　=　　　円 　㋺　営 業 費 　　　円　+　　円　+　　円 　　=　　　円 　㋩　青色事業専従者給与　　　円 〔3〕事業所得の金額 　　　　必要経費合計(㋑+㋺+㋩) 　　　円　−　　円　−　　円 　　=　　　円
雑 　所 　得	②　　　　　円	
総 所 得 金 額	③　　　　　円	① + ② =　　　円

7．次の資料により，物品販売業を営む西崎一郎(50歳)の本年分の各種所得の金額及び総所得金額の計算をしなさい。

<資　料>

損　益　計　算　書
自令和6年1月1日　至令和6年12月31日　　　　　（単位：円）

科　　目	金　　額	科　　目	金　　額
年初商品棚卸高	2,446,000	当年商品売上高	73,300,000
当年商品仕入高	53,800,000	年末商品棚卸高	2,126,000
営　業　費	12,000,000	雑　収　入	1,050,000
青色事業専従者給与	2,400,000		
当　年　利　益	5,830,000		
	76,476,000		76,476,000

付記事項

(1)　西崎一郎は，10年前より青色申告書（正規の簿記の原則により物品販売の記録を行っている）の提出の承認を受けている。また減価償却資産の償却方法は定額法を，商品の評価方法は最終仕入原価法に基づく原価法を選定している。なお申告は電子申告により行うものとする。

(2)　西崎一郎が，家事のために消費した商品800,000円（販売価額）があるが，これは上記の当年商品売上高には含まれていない。なお，この商品の仕入価額は500,000円である。

(3)　損益計算書の年末商品棚卸高は最終仕入原価法に基づく原価法により評価した金額である。

(4)　雑収入の内訳は次のとおりである。

①	商品空箱の売却収入	80,000円
②	テレビのクイズ番組に当選して取得した賞金（源泉所得税控除前）	900,000円
③	友人に対する貸付金の利子	70,000円

(5)　営業費の内訳は次のとおりである。

①	所得税納付額	770,000円
②	事業税納付額	230,000円
③	交　際　費	1,250,000円（このうち80%が物品販売業に係るものであり，残りの20%は家事費に該当する。）
④	その他の営業費	9,750,000円（この金額は営業上の必要経費であり，適法に計算されている。）

(6)　事業用車両（令和3年7月1日取得）の減価償却費は営業費に含まれていない。

　　　事業用車両の取得価額　2,394,000円　　耐用年数　5年　　定額法の償却率　0.200

(7)　青色事業専従者給与は，生計を一にする長女に対して支払ったもので届出書に記載した金額の範囲内であり，労務の対価として相当額である。

各種所得の金額及び総所得金額の計算

所得の種類等	金　額	計　算　過　程
事 業 所 得	① 　　　　　円	〔1〕総収入金額　　　　（注）自家消費額 □□□□円 ＋ □□□□円 ＋ □□□□円 ＝ □□□□円 （注）自家消費額の計算 □□□□円 × □□□％ ＝ □□□□円 ＞ 500,000円　∴ □□□□円 〔2〕必要経費 　⑦　売上原価 □□□□円 ＋ □□□□円 － □□□□円 ＝ □□□□円 　⑩　営業費　　　　　　　　交　際　費 □□□□円 ＋ □□□□円 × □□□％ 　　　　　　　　　　　（注）減価償却費 ＋ □□□□円 ＋ □□□□円 ＝ □□□□円 （注）減価償却費の計算 □□□□円 × □□□ ＝ □□□□円 　⑳　青色事業専従者給与　□□□□円 〔3〕事業所得の金額 　　　　　　　　　　必要経費合計(⑦＋⑩＋⑳) □□□□円 － □□□□円 － □□□□円 ＝ □□□□円
（　　）所得	② 　　　　　円	特別控除額 □□□□円 － □□□□円 ＝ □□□□円
雑 　所 　得	③ 　　　　　円	
総 所 得 金 額	④ 　　　　　円	① ＋ ② × $\dfrac{□□}{□□}$ ＋ ③ ＝ □□□□円

2 損益通算

各種所得の金額の計算の結果，損失が生じた所得がある場合には，その損失の金額を他の黒字の所得金額から控除する。これを損益通算という。

(1) 損益通算の対象とならないもの

利子所得，給与所得，退職所得は，これらの所得の金額の計算の性質上損失は生じない。また次の損失については，損益通算の対象とはならない。

> ① 配当所得の損失
> ② 一時所得の損失
> ③ 雑所得の損失
> ④ 生活に通常必要でない資産に係わる譲渡所得の損失 (注1)
> ⑤ 非課税所得とされている所得の金額の計算上生じた損失

したがって，**損益通算の対象となる損失**は次の所得の金額の計算上生じたものに限られる。

①不動産所得　②事業所得　③山林所得　④譲渡所得（一定のものを除く）

(2) 損益通算の順序 (注2)

総所得金額を次の2つのグループに区分する。

a　第1グループ……利子所得の金額，配当所得の金額，不動産所得の金額，事業所得の金額，給与所得の金額，雑所得の金額

b　第2グループ……譲渡所得の金額，一時所得の金額

> ① 不動産所得の損失，事業所得の損失は第1グループで，譲渡所得の損失は第2グループで損益通算する。
> ② 第1グループの赤字は，第2グループ，山林所得の金額，退職所得の金額の順に損益通算する。
> ③ 第2グループの赤字は，第1グループ，山林所得の金額，退職所得の金額の順に損益通算する。
> ④ 山林所得の損失は，第1グループ，第2グループ，退職所得の金額の順に損益通算する。

なお，これらの通算をしても控除しきれない損失の金額を「純損失の金額」という。また，損益通算後の上記所得金額の合計金額を「合計所得金額」という。

（注1）「生活に通常必要でない資産」とは，①競走馬（事業用資産に該当するものを除く。）等射こう的行為の手段となる動産。②非居住用の家屋すなわち別荘などの不動産。③1個又は1組の価額が30万円超の貴金属等，書画，こっとう，美術工芸品をいう。

　　　また，競走馬の譲渡による譲渡所得の損失は，競走馬の保有に係る雑所得の金額からだけ控除でき，「生活に通常必要でない資産」の災害，盗難，横領による損失の金額は，その年分又は，翌年分の譲渡所得の金額の計算上控除できる。

（注2）譲渡所得で短期と長期がある場合及び分離課税の譲渡所得等についての説明は省略する。

---

3 純損失の繰越控除

(1) 青色申告者の場合

純損失が生じた年分の所得税について青色申告書を提出し，その後も連続して確定申告書を提出している場合には，純損失が生じた年分の翌年から3年間（特定非常災害による一定の損失がある場合には5年間），純損失の繰越控除をすることができる。純損失の繰越控除とは，合計所得金額から一定の順によりその損失額を控除することである。

⑵ 白色申告者の場合

純損失の金額のうちに，①変動所得の損失又は②被災事業用資産の損失がある場合で，その純損失が生じた年分の所得税について確定申告書をその提出期限までに提出し，その後も連続して確定申告書を提出している場合には，その純損失が生じた年分の翌年から3年間，損益通算後の合計所得金額から一定の順により，①，②の損失額を控除することができる。

（注１）	変動所得…………………	漁獲やはまち等の養殖，原稿や作曲による報酬等年々の変動の著しい所得をいう。
（注２）	被災事業用資産の損失……	棚卸資産，不動産・事業・山林の各所得を生ずる事業用の固定資産や繰延資産，山林について生じた災害による損失をいう。

4 純損失の繰戻し還付

青色申告者は，その年において生じた純損失の金額（一定のものを除く）がある場合には，一定の要件のもと，前年（事業廃止等の場合は前年・前々年）に繰戻して税金の還付を請求することができる。

第4章 所得控除と課税総所得金額

　所得税は，前章で学習した課税標準額にそのまま税率を乗ずるのではなく，さらに個人的事情に基づく担税力の差などに着目して所得控除が行われ，その残額（課税総所得金額など）に税率を乗ずることになる。

1 所得控除の意義

　所得税は，総所得金額などの課税標準を計算したあとに，一定の条件に当てはまる場合に，一定の金額を控除して課税総所得金額などを計算する。この控除額を**「所得控除」**という。

　所得控除には14種類のものがあるが，(1)個人的事情を考慮したもの，(2)社会政策目的または経済政策目的のもの，(3)生活保障の目的のものの3つに分類される。

(1) 個人的事情を考慮したもの……**雑損控除，医療費控除，寡婦控除，ひとり親控除，障害者控除，勤労学生控除**

(2) 社会政策目的または経済政策目的のもの……**社会保険料控除，小規模企業共済等掛金控除，寄附金控除，生命保険料控除，地震保険料控除**

(3) 生活保障の目的のもの…………**配偶者控除，配偶者特別控除，扶養控除，基礎控除**

2 所得控除の種類

(1) 雑損控除

　納税者が，自分や自分と生計を一にしている配偶者その他の親族で，総所得金額等が48万円以下の人が災害・盗難又は横領により所有している住宅，家財，現金などの生活に通常必要な資産について損害を受けた場合には，次の算式により計算した金額のうちいずれか多い方の金額を**雑損控除**として所得金額から控除できる。

① その年の損失額－総所得金額等の10%(注) ┐
② その年の損失額のうち災害関連支出の金額－5万円 ┘ いずれか多い方の金額

　その年の損失額とは，時価による資産損失額であり，また保険金，損害賠償金などで補てんされる金額があるときには，その補てんされる金額を控除した後の金額である。

　なお，宝石や骨とう品など生活に通常必要のないものや，事業用の棚卸資産について受けた損害は，雑損控除の対象とはならない。

（注）総所得金額等

① 利子所得・配当所得・不動産所得・事業所得・給与所得・総合課税の短期譲渡所得・雑所得の合計額（損益通算後，純損失等の繰越控除後の金額）

② 総合長期譲渡所得と一時所得の合計額（損益通算後，純損失等の繰越控除後の金額）の2分の1の金額

③ ①＋②＋退職所得金額＋山林所得金額＝総所得金額等

※退職所得金額及び山林所得金額以外の分離課税の所得金額がある場合には③に加算される。

設 例

中野愛子は，本年2月に現金250,000円と宝石2,000,000円相当が盗難にあい，また，9月に火災により次の資産（損害保険には加入していない）を焼失し，その跡片付費用（火災関連支出の金額）は500,000円であった。よって本年の雑損控除の金額を計算しなさい。

なお，本年の総所得金額等は8,000,000円である。

居 住 用 家 屋　　取得価額　　15,000,000円　　時　　価　　3,000,000円

家　　　　財　　取得価額　　2,000,000円　　時　　価　　750,000円

事業用棚卸資産　　取得価額　　1,000,000円

雑損控除の対象となる損失

  □　　円 ＋ □　　円 ＋ □　　円 ＋ □　　円

  ＝ □　　円

雑損控除額の計算

  □　　円 － □　　円 ×10％ ＝ □　　円 ┐

  □　　円 － 50,000円 ＝ □　　円 ┘

            いずれか多い方の金額

             □　　円

【解答】　雑損控除の対象となる損失　　250,000円＋3,000,000円＋750,000円＋500,000円＝4,500,000円

    雑損控除額の計算　　　4,500,000円－8,000,000円×10％＝3,700,000円 ┐

          500,000円－50,000円＝450,000円 ┘

                 いずれか多い方の金額

                 3,700,000円

 （注）生活に通常必要でない宝石や事業用棚卸資産は，雑損控除の対象とはならない。

   また，雑損控除対象となる損失は時価で計算される。

(2) **医療費控除**

① 納税者が，自分や自分と生計を一にしている配偶者その他の親族のために医療費を支払ったときは，200万円を限度として，次の算式によって計算した金額を**医療費控除**として所得金額から控除できる。

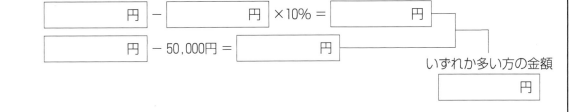

$$\left(\begin{array}{c}\text{その年中に支払}\\\text{った医療費の額}\end{array}\right) - \left(\begin{array}{c}\text{保険金などで補}\\\text{てんされる金額}\end{array}\right) - \left(\begin{array}{c}\text{総所得金額等の5％[10万円]}\\\text{を超える場合は10万円]}\end{array}\right) = \begin{array}{c}\text{医療費控除額}\\\text{(最高200万円)}\end{array}$$

医療費とは，診療や治療のために支払った費用で，薬代，入院費などの費用をいう。なお，人間ドックその他の健康診断の費用や美容整形の費用などは原則として医療費には含まれない。

② セルフメディケーション税制（医療費控除の特例）

自分や自分と生計を一にしている配偶者その他の親族のために健康の保持増進・疾病の予防への取組として特定一般用医薬品等を購入した場合，その合計額のうち1万2千円を超える部分の金額（8万8千円を限度）について，①の医療費控除に代えて控除額とすることができる。したがって，①と②はどちらかの選択適用となる。

設 例

次の資料により，令和６年分の医療費控除額を求めなさい。保険金により補てんされているものはなく，また全員生計を一にしている。なお，セルフメディケーション税制は選択しない。

被治療者	治 療 期 間	支払年月	支 払 金 額	所 得 金 額
本　　人	令和６年１月～３月	令和６年３月	250,000円	4,000,000円
長　　男	令和６年６月～９月	令和６年９月	80,000円	
長　　女	令和６年９月～12月	令和７年１月	50,000円	

医療費支出額 [　　　　円] ＋ [　　　　円] ＝ [　　　　円]

医療費控除額の計算

① 総所得金額等の５％と10万円の比較

[　　　　円] × [　　　％] ＝ [　　　　円]

[　　　　円] ＞ [　　　　円] ∴ [　　　　円]

② 医療費控除額（最高200万円）

[　　　　円] － [　　　　円] ＝ [　　　　円]

[　　　　円] ＜ 2,000,000円 ∴ [　　　　円]

【解答】 医療費支出額　　250,000円＋80,000円＝330,000円

医療費控除額の計算

① 総所得金額等の５％と10万円の比較

4,000,000円×５％＝200,000円

200,000円＞100,000円 ∴100,000円

② 医療費控除額（最高200万円）

330,000円－100,000円＝230,000円

230,000円＜2,000,000円 ∴230,000円

（注）長女の医療費は令和７年に支払っているので，令和６年の医療費控除の対象とはならない。

(3) **社会保険料控除**

納税者が，自分や自分と生計を一にしている配偶者その他の親族のために負担した社会保険料は，その支払った全額を**社会保険料控除**として所得金額から控除できる。社会保険料には，健康保険料，厚生年金保険料，国民健康保険料，国民年金保険料，雇用保険料，介護保険料，長寿（後期高齢者）医療保険料などがある。

社会保険料の支払額＝社会保険料控除額

(4) **小規模企業共済等掛金控除**

納税者が，小規模企業共済法の第１種共済契約の掛金や心身障害者扶養共済制度の掛金などを支払った場合には，その全額を**小規模企業共済等掛金控除**として所得金額から控除できる。

4

所得控除と課税総所得金額

⑸ 生命保険料控除

納税者が生命保険契約等の保険料等を支払う場合には，その契約等の締結が平成24年1月1日以後かその前かにより，生命保険料控除の対象となる保険料等及びその控除額が異なる。

① 平成24年1月1日前に締結した保険契約（以下「旧契約」という）の場合

納税者が，㈠受取人のすべてを自分又は配偶者その他の親族とする生命保険契約等に係る生命保険料（一般生命保険料）や，㈡個人年金保険料を支払った場合には，次に掲げる算式の金額を**生命保険料控除**として，所得金額から控除できる。

なお，剰余金や割戻金がある場合には，支払保険料から控除する。

一般生命保険料支払額を　　　個人年金保険料支払額を
下記のa～cに当てはめ　＋　下記のa～cに当てはめ　＝　生命保険料控除額
た金額（最高50,000円）　　　た金額（最高50,000円）　　（合計100,000円が限度）

a．支払った保険料が25,000円以下 ……………………………… 支払保険料全額

b．支払った保険料が25,000円を超え50,000円以下 ………… 支払保険料×$\frac{1}{2}$＋12,500円

c．支払った保険料が50,000円を超えるとき ……………… 支払保険料×$\frac{1}{4}$＋25,000円

なお，各支払保険料が100,000円を超えるときは，上記の式c.に算入して計算すると50,000円を超えることになるが，各々の最高は50,000円までなので，それぞれ生命保険料控除額は50,000円となる。

② 平成24年1月1日以後に締結した保険契約（以下「新契約」という）の場合

一般生命保険契約，個人年金保険契約及び介護医療保険契約を平成24年1月1日以後に締結した場合の生命保険料控除額は，次の算式により計算する。

一般生命保険料支払額を　　　個人年金保険料支払額を　　　介護医療保険料支払額を
下記のa～cに当てはめ　＋　下記のa～cに当てはめ　＋　下記のa～cに当てはめ
た金額（最高40,000円）　　　た金額（最高40,000円）　　　た金額（最高40,000円）

＝ 生命保険料控除額（合計120,000円が限度）

a．支払った保険料が20,000円以下 ……………………………… 支払保険料全額

b．支払った保険料が20,000円を超え40,000円以下 ………… 支払保険料×$\frac{1}{2}$＋10,000円

c．支払った保険料が40,000円を超えるとき ……………… 支払保険料×$\frac{1}{4}$＋20,000円

③ 新契約と旧契約の両方について保険料を支払った場合

一般生命保険料，個人年金保険料及び介護医療保険料について，新契約と旧契約の両方の保険料を支払ったものがある場合には，それぞれ新契約及び旧契約ごとに②及び①により計算した金額の合計額（いずれも最高40,000円，生命保険料控除合計では120,000円が限度となる）とする。

宮城秋夫が当年中に支払った保険料は，次のとおりである。よって，一般生命保険料と個人年金保険料がそれぞれ(i)～(iii)の場合の生命保険料控除の金額を計算しなさい。なお両保険とも平成24年1月1日以後に契約を結んでいる。

	(i)	(ii)	(iii)
(1) 宮城秋夫の妻を受取人とする一般の生命保険料	5,000円	30,000円	120,000円
(2) 宮城秋夫を受取人とする個人年金保険料	15,000円	60,000円	40,000円

(i)の場合 　□ 円 ＋ □ 円 ＝ □ 円

(ii)の場合 　（一般の生命保険料）　　　　　　　（個人年金保険料）

$$\left(\boxed{円} \times \frac{1}{2} + 10,000円\right) + \left(\boxed{円} \times \frac{1}{4} + 20,000円\right)$$

＝ □ 円

(iii)の場合 　（一般の生命保険料）※　　　　　（個人年金保険料）

$$\boxed{円} + \left(\boxed{円} \times \frac{1}{2} + 10,000円\right)$$

＝ □ 円

$$※一般の生命保険料 \left(\boxed{円} \times \frac{1}{4} + 20,000円\right) \geqq 40,000円$$

∴ □ 円

【解答】 (i)の場合　　5,000円＋15,000円＝20,000円

(ii)の場合

（一般の生命保険料）　　　　（個人年金保険料）

$$(30,000円 \times \frac{1}{2} + 10,000円) + (60,000円 \times \frac{1}{4} + 20,000円) = 60,000円$$

(iii)の場合

（一般の生命保険料）　（個人年金保険料）

$$40,000円※ + (40,000円 \times \frac{1}{2} + 10,000円) = 70,000円$$

$$※一般の生命保険料　(120,000円 \times \frac{1}{4} + 20,000円) \geqq 40,000円 \qquad ∴40,000円$$

⑹ 地震保険料控除

　納税者が，自分や自分と生計を一にする配偶者その他の親族が有する家屋や家財その他生活に通常必要な動産で一定のものについて，下記の２つの要件を満たした地震保険契約を締結し，それに係る地震等による損害部分の保険料または共済掛金を支払った場合には，50,000円を最高限度額としてその保険料または掛金を**地震保険料控除**として所得金額から控除できる。

㈠　居住用家屋，生活動産を保険又は共済を目的とした地震保険契約であること。

㈡　地震等を原因とする火災等による損害に基づいて保険金や共済金が支払われる地震保険契約であること。

　なお，この地震保険料控除は，従前の損害保険料控除に代わって平成18年度税制改正により創設されたものであることから，経過措置として，平成18年末までに締結した長期損害保険契約等（保険期間10年以上等一定要件に該当するもの）に係る保険料（地震保険料等にかかる部分を除く）についてのみ，従前の15,000円を最高限度額とした長期損害保険料控除の適用を受けることができる。

　地震保険料控除と長期損害保険料控除を併用する場合には，長期損害保険料控除を含めた地震保険料控除の最高限度額は50,000円となる。

①　**地震保険料のみの場合** ………………………………支払保険料の全額（最高限度額50,000円）

②　**地震保険料以外の長期保険料のみの場合**（平成18年末までに締結したものに限る）

　　ａ．支払保険料が10,000円以下の場合 ……………………… 支払保険料の全額

　　ｂ．支払保険料が10,000円超20,000円以下の場合 ………… 支払保険料 $\times \frac{1}{2} + 5,000$ 円

　　ｃ．支払保険料が20,000円超の場合 ………………………… 15,000円（最高限度額）

③　**①と②との併用の場合** ……………………………50,000円（最高限度額）

設　例

　秋田明夫は，本年中に居宅用建物の地震保険料を次の⑴と⑵のように支払った。よって，それぞれの場合の本年分の地震保険料控除を求めなさい。

　⑴　地震保険料40,000円の場合
　⑵　地震保険料100,000円の場合

　⑴の場合 [　　　　　　円] ＜ 50,000円（最高限度額）

　　　　　　　　　　　　　　　…………………よって控除額は [　　　　　円]

　⑵の場合 [　　　　　円] ＞ 50,000円（最高限度額）

　　　　　　　　　　　　　　　…………………よって控除額は [　　　　　円]

【解答】　⑴の場合　　40,000円＜50,000円（最高限度額）………… よって控除額は 40,000円

　　　　　⑵の場合　　100,000円＞50,000円（最高限度額）………… よって控除額は 50,000円

(7) **寄附金控除**

　納税者が国，地方公共団体，公益法人又は日本赤十字社等に対して支出した寄附金で，教育や科学の振興，文化の向上，社会福祉への貢献等に充てられる，いわゆる「特定寄附金」の支出をしたときには，次の算式で計算した金額を**寄附金控除**として所得金額から控除できる。

$$\left.\begin{array}{l} \text{支出した特定寄附金} \\ \text{総所得金額等} \times \dfrac{40}{100} \end{array}\right\} \text{いずれか少ない額} - 2,000\text{円} = \text{寄附金控除}$$

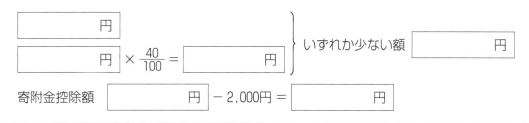

設　例

　愛知和代は，本年8月に特定寄附金として600,000円を支出した。よって，寄附金控除額を計算しなさい。なお，愛知和代の本年の総所得金額等は5,000,000円とする。

$$\left.\begin{array}{l} \boxed{} \text{円} \\ \boxed{} \text{円} \times \dfrac{40}{100} = \boxed{} \text{円} \end{array}\right\} \text{いずれか少ない額} \boxed{} \text{円}$$

寄附金控除額 $\boxed{}$ 円 $-$ 2,000円 $=$ $\boxed{}$ 円

【解答】　　600,000円

$$\left.\begin{array}{l} 600,000\text{円} \\ 5,000,000\text{円} \times \dfrac{40}{100} = 2,000,000\text{円} \end{array}\right\} \text{いずれか少ない額}　600,000\text{円}$$

　　　寄附金控除額　600,000円 － 2,000円 ＝ 598,000円

(8) **障害者控除**

　納税者またはその控除対象配偶者や扶養親族のうちに障害者があるときには，障害者一人について27万円（特別障害者については40万円）を**障害者控除**として所得金額から控除できる。

　なお，同居の控除対象配偶者や扶養親族が特別障害者である場合には，40万円ではなく75万円を控除することができる。

(9) **寡婦控除**

　納税者が寡婦（ひとり親に該当しない者）である場合には，27万円を**寡婦控除**として所得金額から控除できる。

　寡婦とは，その年12月31日の現況において，事実上婚姻関係と同様の事情にあると認められる人がいない者で，次のいずれかに該当する者をいう。

① 夫と離婚した後婚姻をしておらず，扶養親族（⑭の扶養控除　参照）がいる者で，合計所得金額が500万円以下の者

② 夫と死別した後婚姻していない者又は夫の生死が明らかでない一定の者で，合計所得金額が500万円以下の者（扶養親族がいなくても適用できる）

(10) **ひとり親控除**

　納税者がひとり親である場合には，35万円を**ひとり親控除**として所得金額から控除できる。

　ひとり親とは，その年12月31日の現況において，事実上婚姻関係と同様の事情にあると認められる人がいない者で，次の全てに該当する者をいう。

① 婚姻をしていない者又は配偶者の生死が明らかでない一定の者

② 生計を一にする子がいる者

　子は，その年分の総所得金額等が48万円以下で，他の者の同一生計配偶者や扶養親族になってい

4　所得控除と課税総所得金額

ない者に限る。

③　合計所得金額が500万円以下の者

⑾　**勤労学生控除**

納税者が，大学，高校などの勤労学生であって，その年の合計所得金額が75万円（給与収入のみの場合，年収130万円）以下で，しかも給与所得以外の所得が10万円以下である場合には，**勤労学生控除**として27万円を所得金額から控除できる。

⑿　**配偶者控除**

納税者（合計所得金額が1,000万円以下に限る）の妻または夫で，12月31日現在生計を一にする人が，その年の合計所得金額が48万円（年間給与収入103万円）以下である場合には，納税者の合計所得金額及び配偶者の年齢により，次の金額を**配偶者控除**として所得金額から控除できる。

なお，青色申告者の青色事業専従者や白色申告者の事業専従者とした配偶者については，配偶者控除の対象とはならない。また老人控除対象配偶者とは，年齢70歳以上の者をいう。

控除を受ける方の合計所得金額	控　除　額	
	控除対象配偶者	老人控除対象配偶者
900万円以下	38万円	48万円
900万円超　950万円以下	26万円	32万円
950万円超1,000万円以下	13万円	16万円

⒀　**配偶者特別控除**

納税者（合計所得金額が1,000万円以下に限る）が，納税者と生計を一にする配偶者（他の者の扶養親族になっておらず，その配偶者の合計所得金額が48万円超133万円以下である者に限る）で，控除対象配偶者に当たらない者を有する場合には，それぞれ下記に掲げる金額を**配偶者特別控除**として所得金額から控除できる。（青色申告者の青色事業専従者や白色申告者の事業専従者については，配偶者特別控除の対象とはならない。）

控除額は，控除を受ける納税者本人のその年における合計所得金額，及び配偶者の合計所得金額に応じて次の表のようになる。

①　控除を受ける人のその年における合計所得金額900万円以下の場合

配偶者の合計所得金額	控除額
48万円超　95万円以下	38万円
95万円超　100万円以下	36万円
100万円超　105万円以下	31万円
105万円超　110万円以下	26万円
110万円超　115万円以下	21万円
115万円超　120万円以下	16万円
120万円超　125万円以下	11万円
125万円超　130万円以下	6万円
130万円超　133万円以下	3万円

② 控除を受ける人のその年における合計所得金額900万円超950万円以下の場合

配偶者の合計所得金額	控除額
48万円超　95万円以下	26万円
95万円超　100万円以下	24万円
100万円超　105万円以下	21万円
105万円超　110万円以下	18万円
110万円超　115万円以下	14万円
115万円超　120万円以下	11万円
120万円超　125万円以下	8万円
125万円超　130万円以下	4万円
130万円超　133万円以下	2万円

③ 控除を受ける人のその年における合計所得金額950万円超1,000万円以下の場合

配偶者の合計所得金額	控除額
48万円超　95万円以下	13万円
95万円超　100万円以下	12万円
100万円超　105万円以下	11万円
105万円超　110万円以下	9万円
110万円超　115万円以下	7万円
115万円超　120万円以下	6万円
120万円超　125万円以下	4万円
125万円超　130万円以下	2万円
130万円超　133万円以下	1万円

⑭ **扶養控除**

　　納税者が控除対象扶養親族(扶養親族のうち年齢16歳以上の者(一定の非居住者を除く))を有する場合には，下記の区分に応じ一人につきそれぞれに掲げる金額を**扶養控除**として所得金額から控除できる。

　　なお扶養親族とは，納税者と生計を一にする配偶者以外の親族で，その年の合計所得金額が48万円(年間給与収入103万円)以下の者をいう。

　ａ．一般の控除対象扶養親族(年齢16歳以上19歳未満及び23歳以上70歳未満)…………38万円
　ｂ．特定扶養親族(年齢19歳以上で23歳未満の者)………………………………………63万円
　ｃ．老人扶養親族(年齢70歳以上の者)……………………………………………………48万円
　ｄ．同居老親等※(年齢70歳以上の者)……………………………………………………58万円

　　※　老人扶養親族のうち，納税者又はその配偶者の直系の尊属(父・母・祖父母等)で，納税者又はその配偶者と同居している者。

　　また，青色申告者の青色事業専従者や白色申告者の事業専従者となった扶養親族については，扶養控除の対象とはならない。

⑮ **基礎控除**

　　納税者は，**基礎控除**として，納税者の合計所得金額に応じて下記の表の金額を所得金額から控除できる。

納税者の合計所得金額	控除額
2,400万円以下	48万円
2,400万円超　2,450万円以下	32万円
2,450万円超　2,500万円以下	16万円
2,500万円超	なし

設 例

工藤四郎(48歳)の本年分の資料により，所得控除額および所得控除合計額を求めなさい。

なお納税者の合計所得金額は2,400万円以下である。

<資 料>

(1) 工藤四郎は物品販売業を営んでおり，5年前より青色申告書の提出の承認を受けている。

(2) 工藤四郎が本年中に支払った保険料486,000円の内訳は，次のとおりである。

① 国民年金および国民健康保険料　　　　　　384,000円

② 妻を受取人とする個人年金保険料　　　　　 60,000円

③ 長女を受取人とする一般の生命保険料　　　 42,000円

（②，③については，平成24年1月1日前に契約締結）

(3) 工藤ヨシは，福岡病院に本年9月10日から20日間入院し，工藤四郎が治療費を支払った。この治療費につき総所得金額から控除される金額を適法に計算したところ，240,000円であった。

(4) 本年末現在，工藤四郎と生計を一にし，かつ同居している親族は，次のとおりである。

　　　　妻　　　陽子　42歳　青色事業専従者（青色専従者給与1,200,000円）

　　　　長　女　恵子　20歳　大学生（アルバイト収入300,000円）

　　　　次　女　久美　16歳　高校生（無収入）

　　　　実　母　ヨシ　74歳　無　職（無収入）

所得控除額等	金 額	計 算 過 程
（　　　　）控除	①　　　円	
社会保険料控除	②　　　円	
生命保険料控除	③　　　円	$\left(\boxed{} \times \frac{1}{2} + 12,500円\right) + \left(\boxed{} \times \frac{1}{4} + 25,000円\right) = \boxed{}$
配偶者控除	④　　　円	$\boxed{}$ のため適用（あり・なし）　＊いずれか○印で囲む
扶養控除	⑤　　　円	$\boxed{} + \boxed{} + \boxed{}$ = $\boxed{}$
基礎控除	⑥　　　円	
所得控除額合計	円	①＋②＋③＋④＋⑤＋⑥＝ $\boxed{}$

【解答】 （医療費）控除　① 240,000円

社会保険料控除　② 384,000円

生命保険料控除　③ 73,500円……$(42,000円×\frac{1}{2}+12,500円)+(60,000円×\frac{1}{4}+25,000円)$
　　　　　　　　　　　　　　　 ＝73,500円

配偶者控除　④ 0 円……青色事業専従者のため適用（あり・（なし））

扶養控除　⑤ 1,590,000円……630,000円＋380,000円＋580,000円＝1,590,000円

基礎控除　⑥ 480,000円

所得控除額合計　2,767,500円……①＋②＋③＋④＋⑤＋⑥＝2,767,500円

③ 課税総所得金額

　課税総所得金額は，総所得金額から前記②の⑴雑損控除から⑮基礎控除までの15種類の所得控除の合計を差引き求められる。この課税総所得金額を計算するうえで，千円未満の端数が生じたときには切捨てることになっている。

総所得金額－所得控除額合計＝課税総所得金額（1,000円未満の端数切捨て）

　なお，総所得金額から所得控除を控除しきれない場合には，定められた順序により，その他の課税標準から順次控除をする。

　主なものを挙げると次の順となる。

①総所得金額　②分離短期譲渡所得の金額　③分離長期譲渡所の金額　④山林所得金額
⑤退職所得金額

設　例

次の資料により，課税総所得金額を求めなさい。

総所得金額　10,873,000円　所得控除額合計　2,128,250円

所得の種類等	金　額	計　算　過　程
総所得金額	①　　円	
所得控除額合計	②　　円	
課税総所得金額	③　　円	①－②＝　　　円 →　　　円 （1,000円未満切捨て）

【解答】 総所得金額　①　10,873,000円

所得控除額合計　②　2,128,250円

課税総所得金額　③　8,744,000円　①－②＝8,744,750円→8,744,000円

練 習 問 題

1．次の □ の中にあてはまる語を，下記の語群から選び，解答欄に記号で記入しなさい。

　　所得税は，総所得金額などの (1) を計算したあとに， (2) に当てはまる場合に， (3) を控除して (4) などを計算する。この控除額を「 (5) 」という。

　　所得控除には14種類のものがあるが，① (6) を考慮したもの，② (7) 目的または経済政策目的のもの，③ (8) の目的のものの３つに分類される。

＜語　群＞ 　ア．社会政策　　イ．生活保障　　ウ．所得控除　　エ．課税総所得金額
　　　　　　オ．課税標準　　カ．一定の条件　　キ．個人的事情　　ク．一定の金額

＜解答欄＞ | 1 | | 2 | | 3 | | 4 | | 5 | | 6 | | 7 | | 8 | |
|---|---|---|---|---|---|---|---|---|---|---|---|---|---|---|

2．下記の語群にある所得控除を(1)個人的事情を考慮したもの，(2)社会政策目的または経済政策目的のもの，(3)生活保障の目的のもの，のいずれに該当するか記号で答えなさい。

　(1) 個人的事情を考慮したもの……………………………

　(2) 社会政策目的または経済政策目的のもの…………

　(3) 生活保障の目的のもの…………………………………

＜語　群＞ 　ア．雑損控除　　イ．医療費控除　　ウ．社会保険料控除
　　　　　　エ．小規模企業共済等掛金控除　　オ．生命保険料控除　　カ．地震保険料控除
　　　　　　キ．寄附金控除　　ク．障害者控除　　ケ．寡婦控除　　コ．ひとり親控除
　　　　　　サ．勤労学生控除　　シ．配偶者控除　　ス．配偶者特別控除　　セ．扶養控除
　　　　　　ソ．基礎控除

3. 物品販売業を営む西崎一郎(50歳)の本年分の総所得金額は6,131,200円であった。よって，次の資料により，所得控除額及び課税所得金額を計算しなさい。

<資　料>

①　西崎一郎は10年前より青色申告書の提出の承認を受けている。

②　西崎一郎が本年中に支払った保険料331,000円の内訳は，次のとおりである。

　(1)　国民健康保険料及び国民年金保険料　　　　　　　234,000円

　(2)　妻を受取人とする一般の生命保険料　　　　　　　63,000円

　(3)　妻を受取人とする個人年金保険料　　　　　　　　34,000円

　　　※(2), (3)ともに平成24年1月1日前に契約を締結している。

③　本年末現在，西崎一郎と生計を一にし，かつ同居している親族は，次のとおりである。

　　　妻　　　佐和子　　48歳　　所得なし

　　　長　女　由香利　　20歳　　青色専従者（青色専従者給与2,400,000円）

　　　長　男　宗一郎　　18歳　　高校生（無収入）

　　　実　父　源太郎　　78歳　　無　職（無収入）

各種所得等	金　額	計　算　過　程
総 所 得 金 額	①　　　　円	

所得控除等	金　額	計　算　過　程
社会保険料控除	②　　　　円	
生命保険料控除	③　　　　円	$\left(\boxed{}円 \times \dfrac{1}{4} + 25{,}000円\right) + \left(\boxed{}円 \times \dfrac{1}{2} + 12{,}500円\right) = \boxed{}円$
配 偶 者 控 除	④　　　　円	
配偶者特別控除	⑤　　　　円	
扶 養 控 除	⑥　　　　円	$\boxed{}円 + \boxed{}円 = \boxed{}円$
基 礎 控 除	⑦　　　　円	
所得控除額合計	⑧　　　　円	② ＋ ③ ＋ ④ ＋ ⑤ ＋ ⑥ ＋ ⑦ ＝ $\boxed{}$ 円
課税総所得金額	⑨　　　　円	① － ⑧ ＝ $\boxed{}$ 円 → $\boxed{}$ 円 （1,000円未満切捨て）

4．岸川一郎(50歳)は，日本商事株式会社に勤務するかたわら，平成27年１月よりアパートの貸付けを始めている。次の資料に基づいて，岸川一郎の令和６年分の各種所得の金額，所得控除額及び課税所得金額を同人に最も有利になるように計算しなさい。なお，消費税については考慮する必要はなく，申告は電子申告によるものとする。

＜資料１＞

日本商事株式会社から岸川一郎に支払われた本年中の給料及び賞与の合計額は5,600,000円（手取額）であり，この金額は，源泉所得税238,000円及び社会保険料357,000円が控除されている。

＜資料２＞

アパート（10室）の貸付けに関する事項は，次のとおりである。なお，岸川一郎はアパートの貸付けと同時に青色申告書提出の承認を受けている。また正規の簿記の原則により記録しており，損益計算書と貸借対照表を作成しこれを添付している。減価償却資産の償却方法については，定額法の届出をしている。

　１．収　入

　　⑴　本年中の受取家賃（10世帯分）　　　　　　　　　　　4,500,000円

　　　　これはすべて本年中に入金した金額であり，このほかに令和６年分の未収家賃300,000円がある。

　　⑵　敷　金（預り金）　　　　　　　　　　　　　　　　160,000円

　　⑶　賃貸の際に受取った礼金（権利金に該当するもの）　320,000円

　　⑷　契約更新料　　　　　　　　　　　　　　　　　　　120,000円

　２．支　出

　　⑴　本年分の火災保険料　　　　　　　　　　　　　　　 18,000円

　　⑵　不動産会社へ支払った仲介手数料　　　　　　　　　240,000円

　　⑶　アパートに係る固定資産税　　　　　　　　　　　　248,000円

　　⑷　所得税納付額　　　　　　　　　　　　　　　　　　154,000円

　　⑸　アパートの取得に係る借入金の利子　　　　　　　　456,000円

　　⑹　青色専従者給与　　　　　　　　　　　　　　　　　720,000円

　　　　これは，生計を一にする長女に対して支払ったもので届出書に記載した金額の範囲内であり，かつ労務の対価として相当額である。

　３．アパートの減価償却に関する資料

　　　アパートの取得価額……25,000,000円　　耐用年数……22年　　定額法償却率……0.046
　　（注）優良賃貸住宅等の割増償却の適用はない。

＜資料３＞

岸川道雄は，東京病院に本年３月１日から15日間入院し，岸川一郎が治療費を支払っている。この治療費につき総所得金額から控除される金額を計算したところ124,500円であった。

＜資料４＞

　１．岸川一郎が本年中に支払った保険料の内訳は，次のとおりである。

　　⑴　長女を受取人とする生命保険料（平成23年に契約締結）　35,000円

　　⑵　妻を受取人とする介護医療保険料　　　　　　　　　14,000円

　２．本年末現在，岸川一郎と生計を一にし，かつ同居している親族は，次のとおりである。

　　　　妻　　　美樹　　45歳　　所得なし
　　　　長　女　智子　　21歳　　青色専従者（青色専従者給与　720,000円）
　　　　長　男　道雄　　17歳　　高校生（無収入）
　　　　実　母　マサ　　73歳　　無　職（無収入）

<資料5>

給与所得控除額の計算式

給与等の収入金額		計　算　式
360万円超	660万円以下	収入金額×20％＋440,000円
660万円超	850万円以下	収入金額×10％＋1,100,000円

1．各種所得の金額及び総所得金額の計算

所得の種類等	金　額	計　算　過　程
不 動 産 所 得	①　　　　　円	〔1〕総収入金額 　円　＋　　円　＋　　円 　＋　円　＝　　円 〔2〕必要経費 　円　＋　　円　＋　　円 　　　　　　　青色専従者給与　（注）減価償却費 　＋　円　＋　　円　＋　　円 　＝　円 （注）減価償却費の計算 　円　×　　＝　　円 〔3〕不動産所得の金額 　円　－　　円　－　　円 　＝　円
給 与 所 得	②　　　　　円	〔1〕収入金額 　円　＋　　円　＋　　円 　＝　円 〔2〕給与所得控除額 　円　×　0.　　＋　　円 　＝　円 〔3〕給与所得の金額 　円　－　　円　＝　　円
総 所 得 金 額	③　　　　　円	①＋②＝　　円

2．所得控除額及び課税総所得金額の計算

所得控除額等	金　額	計　算　過　程
（　　　）控除	④　　　　円	
社会保険料控除	⑤　　　　円	
生命保険料控除	⑥　　　　円	$\left(\boxed{円} \times \frac{1}{2} + 12,500円\right) + \boxed{円}$ $= \boxed{円}$
配偶者控除	⑦　　　　円	
配偶者特別控除	⑧　　　　円	
扶　養　控　除	⑨　　　　円	$\boxed{円} + \boxed{円} = \boxed{円}$
基　礎　控　除	⑩　　　　円	
所得控除額合計	⑪　　　　円	④＋⑤＋⑥＋⑦＋⑧＋⑨＋⑩＝ $\boxed{円}$
課税総所得金額	⑫　　　　円	③－⑪＝ $\boxed{円}$ → $\boxed{円}$ $\left(\begin{array}{c}1,000円未満\\切　捨　て\end{array}\right)$

第5章 所得税額の計算

本章では，各課税所得金額（千円未満切捨て）に税率を乗じて算出税額を求め，その算出税額から税額控除をマイナスして申告納税額を計算する仕組みについて学習する。

1 算出税額の計算

(1) **課税総所得金額に対する税額**

課税総所得金額に超過累進税率を適用して税額を計算する。

$$\boxed{総所得金額} \rightarrow \boxed{所得控除} \rightarrow \boxed{\textbf{課税総所得金額}} \times \textbf{超過累進税率＝算出税額}$$

(2) **課税山林所得金額に対する税額**

課税山林所得金額の$\frac{1}{5}$相当額について超過累進税率を適用して計算した金額を5倍して税額を計算する。これを「5分5乗方式」という。

$$\boxed{山林所得金額} \rightarrow \boxed{所得控除} \rightarrow \boxed{\textbf{課税山林所得金額}} \div \textbf{5} \times \textbf{超過累進税率} \times \textbf{5＝算出税額}$$

(3) **課税退職所得金額に対する税額**

課税総所得金額に対する場合と同じように，課税退職所得金額に超過累進税率を適用して税額を計算する。

$$\boxed{退職所得金額} \rightarrow \boxed{所得控除} \rightarrow \boxed{\textbf{課税退職所得金額}} \times \textbf{超過累進税率＝算出税額}$$

(4) **課税短期譲渡所得金額に対する税額（原則）**

$$\boxed{短期譲渡所得の金額} \rightarrow \boxed{所得控除} \rightarrow \boxed{\textbf{課税短期譲渡所得金額}} \times \textbf{30%＝算出税額}$$

(5) **課税長期譲渡所得金額に対する税額（原則）**

$$\boxed{長期譲渡所得の金額} \rightarrow \boxed{所得控除} \rightarrow \boxed{\textbf{課税長期譲渡所得金額}} \times \textbf{15%＝算出税額}$$

※(2)〜(5)の所得控除は，他で控除しきれた場合には無し（第4章③参照）。

2 所得税の税率

所得税の税率は次の「所得税の税率表」による。

所 得 税 の 税 率 表

適 用 課 税 所 得	税 率
195万円以下の金額	5%
330万円以下の金額	10%
695万円以下の金額	20%
900万円以下の金額	23%
1,800万円以下の金額	33%
4,000万円以下の金額	40%
4,000万円超の金額	45%

なお，実際に税額を計算するときには，次の速算表によって簡単に税額を求めることができる。

所 得 税 の 速 算 表

課税総所得金額(A)		税率(B)	控除額(C)	税額＝(A)×(B)−(C)
──	195万円以下	5%	──	(A)× 5%
195万円超	330万円以下	10%	9.75万円	(A)×10%− 9.75万円
330万円超	695万円以下	20%	42.75万円	(A)×20%− 42.75万円
695万円超	900万円以下	23%	63.6 万円	(A)×23%− 63.6 万円
900万円超	1,800万円以下	33%	153.6 万円	(A)×33%−153.6 万円
1,800万円超	4,000万円以下	40%	279.6 万円	(A)×40%−279.6 万円
4,000万円超		45%	479.6 万円	(A)×45%−479.6 万円

（注）山林所得の場合，実務的には，5分5乗方式を織り込んだ専用の速算表を用いることも多い（詳細略）。

設 例

課税所得金額が(1) 1,000,000円，(2) 3,000,000円，(3) 5,000,000円，(4) 8,000,000円，(5) 10,000,000円，(6) 20,000,000円，(7) 50,000,000円の場合の所得税額を所得税の速算表を用いて計算しなさい。

(1)の場合　　　　　円　×　　　％　＝　　　　円

(2)の場合　　　　　円　×　　　％　−　　　　円　＝　　　　円

(3)の場合　　　　　円　×　　　％　−　　　　円　＝　　　　円

(4)の場合　　　　　円　×　　　％　−　　　　円　＝　　　　円

(5)の場合　　　　　円　×　　　％　−　　　　円　＝　　　　円

(6)の場合　　　　　円　×　　　％　−　　　　円　＝　　　　円

(7)の場合　　　　　円　×　　　％　−　　　　円　＝　　　　円

【解答】　(1)の場合　　1,000,000円×5％＝50,000円

　　　　　(2)の場合　　3,000,000円×10％−97,500円＝202,500円

　　　　　(3)の場合　　5,000,000円×20％−427,500円＝572,500円

　　　　　(4)の場合　　8,000,000円×23％−636,000円＝1,204,000円

　　　　　(5)の場合　　10,000,000円×33％−1,536,000円＝1,764,000円

　　　　　(6)の場合　　20,000,000円×40％−2,796,000円＝5,204,000円

　　　　　(7)の場合　　50,000,000円×45％−4,796,000円＝17,704,000円

3 税額控除

(1) 税額控除の意義

納付すべき所得税額を計算するにあたっては，課税総所得金額等に税率を乗じて計算した算出税額から，二重課税排除や政策目的を考慮した税額控除を行うことができる。税額控除には，配当控除，住宅借入金等特別控除，政党等に対する寄附金の特別税額控除，及び家屋の耐震改修をした場合の住宅耐震改修特別控除などがある。

(2) 配当控除

納税者が剰余金の配当，利益の配当，剰余金の分配又は証券投資信託の収益の分配などに係る配当所得を有する場合で，総合課税とした場合には，その納税者の所得税額から次の式で求めた金額を**配当控除**として控除する。

① 課税総所得金額等の金額が1,000万円以下の場合

配当所得の金額×10％＝配当控除額

② 課税総所得金額等の金額が1,000万円を超える場合

$$\left(\begin{array}{l}\text{配当所得金額のうち，課税総}\\\text{所得金額等から1,000万円を}\\\text{引いた金額に相当する額Ⓐ}\end{array}\right)\times5\%+\left(\begin{array}{l}\text{配当所得の金額}\\\text{のうちⒶ以外の額}\end{array}\right)\times10\%＝\text{配当控除額}$$

※証券投資信託の収益の分配に対応する配当所得………上記①，②の10％については5％，5％については2.5％として計算する。

設 例

次の資料により，山崎太郎の配当控除の金額を求めなさい。

＜資 料＞

1. 山崎太郎の本年の課税総所得金額等8,000,000円（配当所得金額を含む）である。

2. 山崎太郎が所有する非上場会社である岡山㈱からの配当金は，238,740円（源泉徴収後の手取額，総合課税）である。

① 源泉徴収前の配当所得 ┃　　　　円┃ ÷ (1 － ┃　　　┃) = ┃　　　　円┃

② 課税総所得金額等 ≦ ┃　　万円┃

∴ 税額控除額 ┃　　円┃ × ┃　％┃ = ┃　　　円┃

【解答】 ① 源泉徴収前の配当所得 238,740円÷（1－0.2042）＝300,000円

② 課税総所得金額等≦1,000万円

∴税額控除額 300,000円×10％＝30,000円

(3) 住宅借入金等特別控除

居住者がその者の住宅用の家屋で一定のものを取得し，又は増改築等をして，取得等の日から6か月以内に，その者の居住の用に供した場合において，その住宅の取得等に係る一定の借入金を有するときには，居住の用に供した日の属する年以後一定期間内の各年（年末まで引き続き居住の用に供しており，合計所得金額が2,000万円以下である年に限る）において，一定の方法により計算した金額を**住宅借入金等特別控除**として，その納税者の算出税額から控除することができる。

なお，令和6年中に居住の用に供した場合には，原則として居住の用に供した年以後13年間（一般住宅や既存住宅の場合には10年間）について，一定の金額を税額控除することができる。

※ 新築一般住宅の場合（2024年1月1日以後に建築確認を受けたものは原則として適用対照外）
住宅借入金等の年末残高(2,000万円限度)×0.7%（100円未満の端数切捨て）

(4) 政党等に対する寄附金の特別税額控除

政治資金規正法に規定する政党又は政治資金団体に対する，同法に規定する政治活動に関する寄附金を支出した場合に適用される。

（政党等に対する寄附金の額[※1]**－2,000円）×30%＝控除額**[※2]**（100円未満切捨て）**

※1 総所得金額等の40%が限度

※2 所得税額の25%相当額が限度

4 確定申告による納付税額の計算

確定申告による納付税額は，課税総所得金額に対する税額から税額控除をマイナスした後，さらに源泉徴収税額や予定納税額を控除した残額である。なお，申告納税額に100円未満の端数が生じたときには，切り捨てられる。予定納税については第6章で学習する。

(1) 課税総所得金額に対する税額 － 税額控除 ＝ 差引所得税額（基準所得税額）

(2) (1)＋ 復興特別所得税額[※] － 源泉徴収税額 ＝ 申告納税額

※復興特別所得税額（基準所得税額×2.1%）については，第7章参照。

(3) (2)－ 予定納税額 ＝ 納める税金又は還付される税金

設 例

次の資料により，香川直彦の当年分の所得税の確定申告書（一般用）略式を完成させなさい。

＜資 料＞

1．香川直彦の本年の総所得金額8,000,000円（配当所得金額を含む）であり，所得控除額合計は2,100,000円である。

2．香川直彦が所有する非上場会社である広島㈱からの配当金は238,740円（20.42%の源泉徴収税控除後の手取額）である。この配当所得については，総合課税とする。

3．税額計算表

課税総所得金額	税率	控除額
3,300,000円超　6,950,000円以下	20%	427,500円

4．予定納税額

　　　第1期分　210,000円　　　　第2期分　210,000円

所得税の確定申告書（一般用）略式

総　所　得　金　額	円
所　得　控　除　額　合　計	円
課　税　総　所　得　金　額	円
税　　　　　　額	円
配　当　控　除　額	円
差引税額（基準所得税額）	円
復　興　特　別　所　得　税　額	円
所得税及び復興特別所得税の額	円
源　泉　徴　収　税　額	円
申　告　納　税　額 （百円未満切捨て）	円
予定納税額	第1期分	円
	第2期分	円
第3期分の納付税額	円

1．算出税額の計算

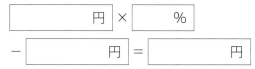

2．配当控除額の計算

　①　源泉徴収税控除前配当額

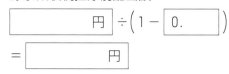

　②　配当控除額の計算

　　　　［　　　円　］×［　　　％］

　　　＝［　　　円　］

3．源泉徴収税額の計算（配当金）

　　　（配当金額）　　　（源泉徴収税率）

　　　［　　　円　］×［　　　％］

　　　＝［　　　円　］

【解答】

所得税の確定申告書（一般用）略式

総　所　得　金　額	8,000,000円
所　得　控　除　額　合　計	2,100,000円
課　税　総　所　得　金　額	5,900,000円
税　　　　　　額	752,500円
配　当　控　除　額	30,000円
差引税額（基準所得税額）	722,500円
復　興　特　別　所　得　税　額	15,172円
所得税及び復興特別所得税の額	737,672円
源　泉　徴　収　税　額	61,260円
申　告　納　税　額 （百円未満切捨て）	676,400円
予定納税額	第1期分	210,000円
	第2期分	210,000円
第3期分の納付税額	256,400円

1．算出税額の計算

　　5,900,000円×20％－427,500円

　　＝752,500円

2．配当控除額の計算

　①　源泉徴収税控除前配当額

　　　238,740円÷（1－0.2042）＝300,000円

　②　配当控除額の計算

　　　300,000円×10％＝30,000円

3．源泉徴収税額の計算（配当金）

　　　300,000円×20.42％＝61,260円

練 習 問 題

1．次の資料により，札幌冬夫の当年分の所得税の確定申告書（一般用）略式を完成させなさい。

＜資 料＞

(1) 札幌冬夫の本年の総所得金額5,000,000円（配当所得金額を含む）であり，所得控除額合計は1,300,000円である。

(2) 札幌冬夫が所有する非上場会社である宮島㈱からの配当金は159,160円（20.42％源泉徴収税控除後の手取額）である。この配当所得については，総合課税とする。

(3) 税額計算表

課 税 総 所 得 金 額	税 率	控 除 額
3,300,000円超　6,950,000円以下	20％	427,500円

(4) 予定納税額

第1期分　80,000円　　第2期分　80,000円

所得税の確定申告書（一般用）略式

総 所 得 金 額	円
所 得 控 除 額 合 計	円
課 税 総 所 得 金 額	円
税 　 　 　 額	円
配 当 控 除 額	円
差引税額（基準所得税額）	円
復 興 特 別 所 得 税 額	円
所得税及び復興特別所得税の額	円
源 泉 徴 収 税 額	円
申 告 納 税 額（百円未満切捨て）	円
予定納税額　第1期分	円
第2期分	円
第3期分の納付税額	円

1．算出税額の計算

円	×	％

−	円	=	円

2．配当控除額の計算

① 源泉徴収税控除前配当額

= 円

② 配当控除額の計算

円	×	％

= 円

3．源泉徴収税額の計算（配当金）

（配当金額）　（源泉徴収税率）

円	×	％

= 円

第6章 所得税の申告・納付等の手続

　本章では，所得税の申告・納付に関する確定申告制度と予定納税制度，さらに所得税の還付や更正の請求について学習する。

1 確定申告

　所得税は，納税者が毎年1月1日から12月31日までの自分の所得や税額を計算し，それを**「確定申告書」**に記載して，翌年の2月16日から3月15日までの間に所轄の税務署長に対して提出するとともに税金を納付する申告納税制度を採用している。この申告のことを，**「確定申告」**という。

⑴　**確定申告をしなければならない人（一定の例外あり）**

　①　課税所得金額に対する所得税額が配当控除額等の税額控除額の合計を超える人

　②　給与所得者で次のいずれかに該当する人

　　イ．その年中に支払を受けた給与等の収入金額が2,000万円を超えるため，年末調整の対象とならなかった人

　　ロ．1ヶ所から給与等の支払を受けている人で，給与所得や退職所得以外の所得の合計額が20万円を超える人

　　ハ．2ヶ所以上から給与等の支払を受けている人（ただし，従たる給与等の金額が20万円以下の場合は申告を要しない。）

　　ニ．同族会社の役員で，その会社から地代家賃等を受取っている人

　　ホ．所得税の還付を受ける人

⑵　**確定申告書の種類**

　確定申告書には，第一表と第二表，分離課税用の第三表，損失申告用の第四表がある。

　なお，不動産所得，事業所得又は山林所得を生ずべき事業を行う納税者は，確定申告書に，これらの所得の総収入金額及び必要経費の内容を明らかにする書類を添付しなければならない。

設 例

次の確定申告を必要とする者を表した文章の（　　　）の中にあてはまる語を，下記の語群から選び，記号で記入しなさい。

① 課税所得金額に対する所得税額が（　　　）を超える人

② 給与所得者で次のいずれかに該当する人

イ．その年中に支払を受けた給与等の収入金額が（　　　）を超えるため，（　　　）の対象とならなかった人

ロ．（　　　）から給与等の支払を受けている人で，給与所得や退職所得以外の所得の合計額が（　　　）を超える人

ハ．（　　　）以上から給与等の支払を受けている人（ただし，従たる給与等の金額が20万円以下の場合は申告を要しない。）

ニ．（　　　）の役員で，その会社から地代家賃等を受取っている人

ホ．所得税の（　　　）を受ける人

<語群>

ア．同族会社	イ．1ヶ所	ウ．年末調整	エ．配当控除額等
オ．2,000万円	カ．20万円	キ．還　付	ク．2ヶ所

【解答】 順に，エ，オ，ウ，イ，カ，ク，ア，キ

---

2 納 付

確定申告書に記載された納税額がある人は，原則として，確定申告書の提出期限（その年の翌年の3月15日）までに，その記載された所得税額を国に納付しなければならない。なお，次のように3月15日の納付期限に関して例外がある。

(1) 延納

確定申告書を提出し，その申告納税額の2分の1相当額以上の所得税をその納付期限までに納付した場合には，その残額について，その年の5月31日まで納付を延期することができる。このことを「延納」といい，延納期間に応じて**利子税**が課せられる。

(2) 予定納税

その年分の所得税を一時に全額納付することは，納税者にとって非常に負担の重いものである。そのためこれを軽減し，さらに国の歳入を平準化するため，**予定納税制度**が採用されている。**予定納税（予納）**は，あくまでも所得税の前払的なものであるため，確定申告をすることにより，納付すべき所得税の過不足は精算されることになる。

納税者は，予定納税基準額（その年5月15日現在で確定している前年分の所得税について確定申告した金額をもとに税務署で計算され，納税者に通知される）が15万円以上である場合には，7月（第1期分として7月1日から7月31日までに）と11月（第2期として11月1日から11月30日までに）の2回に分けて予定納税をしなければならない。1回当たりの予納額は，予定納税基準額の3分の1に相当する金額（100円未満切捨て）である。

設 例

次の文章の（　　）の中にあてはまる語を，下記の語群から選び，記号で記入しなさい。

1．確定申告書に記載された納税額がある人は，原則として，確定申告書の（　　）までに，その記載された所得税額を（　　）に納付しなければならない。

2．確定申告書を提出し，その申告納税額の（　　）相当額以上の所得税をその（　　）までに納付した場合には，その残額について，その年の（　　）までに納付を（　　）することができる。この場合には，延納期間に応じて（　　）が課せられる。

<語群>
| ア．利子税 | イ．提出期限 | ウ．納付期限 | エ．国 |
| オ．延 期 | カ．5月31日 | キ．2分の1 | |

3．その年分の所得税を一時に全額納付することは，納税者にとって非常に（　　）が多くなり，さらに国の歳入の（　　）のために，予定納税制度が採用されている。予定納税は，あくまでも所得税の（　　）なものであるから，確定申告により（　　）されることになっている。

納税者は，予定納税基準額が（　　）以上である場合に，（　　）と11月の2回に分けて予納しなければならない。1回当たりの予納額は，予定納税基準額の（　　）に相当する金額（100円未満切捨て）である。

<語群>
| ク．15万円 | ケ．精 算 | コ．3分の1 | サ．平準化 |
| シ．負 担 | ス．7 月 | セ．前払的 | |

【解答】 1－イ，エ　　2－キ，ウ，カ，オ，ア　　3－シ，サ，セ，ケ，ク，ス，コ

3 還　付

　源泉徴収された税金や予定納税した税金が年間所得について計算された税額より多いときには，確定申告をすることによって過納分の税金が返戻される。このことを**「還付」**という。還付のための申告書は，確定申告の始まる2月16日前でも提出できる。

4 修正申告と更正の請求

　確定申告書を提出した後で，申告漏れになっていた所得があったり，還付を受ける税額が過大であったことが分かった場合には，税務署から更正の通知があるまでいつでも修正申告書を提出して，それらの金額を訂正することができる。これを修正申告という。

　また，確定申告書を提出した後で，過大申告になっていた所得があったり，還付を受ける税額が過小であることが分かった場合には，申告期限後5年の間に更正の請求書を提出して，それらの金額を訂正することができる。これを更正の請求という。

練習問題

1．次の文章は，下記の語群の用語を説明したものである。その説明文にあてはまる語を，下記の語群から選び，解答欄に記号で記入しなさい。

(1) 源泉徴収された税金や予定納税した税金が年間所得について計算された税額より多いときには，確定申告をすることによって過納分の税金を取り戻すことをいう。

(2) その年分の所得税を一時に全額納付することは，納税者にとって非常に負担が多くなり，さらに国の歳入の平準化の制度で所得税の前払的性格を有するもののことをいう。

(3) 確定申告書を提出し，その申告納税額の2分の1相当額以上の所得税をその納付期限までに納付した場合には，その残額について，その年の5月31日まで納付を延期することができることをいう。

(4) 確定申告書を提出した後で，申告漏れになっていた所得があったり，還付を受ける税額が過大であったことが分かった場合に，それらの金額を訂正することをいう。

(5) 納税者が毎年1月1日から12月31日までの自分の所得や税額を計算し，翌年の2月16日から3月15日までの間に所轄の税務署長に対して申告するとともに税金を納付することをいう。

(6) 確定申告書を提出した後で，過大申告になっていた所得があったり，還付を受ける税額が過小であることが分かった場合に，それらの金額を訂正することをいう。

<語群>　ア．確定申告　　イ．延納　　ウ．予定納税　　エ．還付
　　　　オ．修正申告　　カ．更正の請求

<解答欄>

1		2		3		4		5		6	

第7章 復興特別所得税

1 納税義務者

平成25年から令和19年までにおいて，所得税の納税義務がある個人は，所得税と併せて復興特別所得税を納付しなければならない。

2 税額計算

復興特別所得税額＝基準所得税額×税率（2.1%）

3 確定申告

復興特別所得税の申告は，所得税の確定申告と併せて行う必要があり，申告書に記載した所得税と復興特別所得税の合計額を申告書の提出期限までに納付しなければならない。

[著者略歴]

岩崎功　いわさき いさお

国學院大學経済学部経済学科卒業、一橋大学大学院商学研
究科経営学及び会計学専攻修士課程修了、専修大学大学院商
学研究科商学専攻博士課程単位取得、都内及び神奈川県内の
専門学校税理士受験科講師、信州短期大学専任講師、同大学
助教授、同大学教授、中京学院大学教授、埼玉学園大学教授、
和光大学特任教授を歴任

ちょっと臆病なチキンハートの犬

チキン犬

・とても傷つきやすく、何事にも慎重。
・慎重すぎて逆にドジを踏んでしまう。
・頼まれごとにも弱い。
・のんびりすることと音楽が好き。
・運動は苦手（犬なのに…）。
・好物は緑茶と大豆食品。

■英光社イメージキャラクター
　『チキン犬』特設ページ
　https://eikosha.net/chicken-ken
チキン犬LINEスタンプ販売中！

所得税法テキスト　令和6年度版

2024年5月15日　発行

著　者　岩崎　功
監　修　経理教育研究会
発行所　株式会社 英光社
　　　　〒176-0012　東京都練馬区豊玉北1-9-1
　　　　TEL 050-3816-9443
　　　　振替口座 00180-6-149242
　　　　https://eikosha.net

©2024 EIKOSHA
ISBN 978-4-88327-838-1 C3034

本書の内容に誤りが見つかった場合は、
ホームページにて正誤表を公開いたします。
https://eikosha.net/seigo

本書の内容に不審な点がある場合は、下記よりお問合せください。
https://eikosha.net/contact
FAX 03-5946-6945
※お電話でのお問合せはご遠慮ください。

落丁・乱丁本はお取り替えいたします。
上記contactよりお問合せください。